ラ・ブランシュ
田代和久のフランス料理
La cuisine française de Kazuhisa Tashiro
自分の味覚を信じて、作り続ける

野山の空気をふんだんに吸いこんだ山菜、
澄みきった水で育った旬の田芹、滋味豊かな、
タケノコ、大地を駆け回るシャモ……
日本の食材なくして、僕の料理は語れません。
毎週足を運ぶ築地や旅先の畑、魚市場で、
出合う土地最高の食材に感性が刺激されます。
これはという食材を見つけたらどうすれば「うまく」
なるのかくる日もくる日も試行錯誤を重ねる。
それは30数年変わることがありません。
私の定番料理である「イワシとジャガ芋の重ね焼き」
もう20数年つくり続けているこの皿は、今も僕の
味覚をニュートラルにしてくれる大切な一品です。
技術だけでは、そう簡単に「これだ」という納得の
一皿にたどりつくことは出来ません。
オープン当時から毎日思い続けていた「もっと
旨いものを作りたい」という情熱が味覚、
感性を磨くのです。
おいしかった。お客さまのこの一言が僕のエネル
ギーになります。これからも進化してゆきたい。
調理場は今日も熱い。

ラ、ブランシュ
田代和久

はじめに —————————— 3

旨いと思うものを作ればいい —————————— 9

Hors-d'œuvre
オードヴル

イワシとジャガイモの重ね焼き、トリュフ風味、
イワシのポタージュ添え —————————— 12
Terrine de sardine et pomme de terre à la truffe,
soupe de sardine

こだわり野菜のサラダ仕立て —————————— 16
Beaux légumes de terroir en salade

じっくり練り上げた豚のリエット —————————— 20
Rillettes de porc, fait main

カリフラワーのムース、トマトのジュレ添え —————————— 23
Mousse de choux-fleur,
gelée de tomate, croquant de pomme de terre

冷たいたまねぎのポタージュ、
フォワグラ添え —————————— 26
Potage froid d'oignon, foie gras sauté

夏野菜のガスパチョ、ラ・ブランシュ風 —————————— 28
Gazpacho d'été "La Blanche"

キクイモのカプチーノ仕立て、
フォワグラ添え —————————— 32
Potage de topinambour façon capuccino, foie gras

スープ・ピストゥー —————————— 34
Soupe pistou

スープ・ガルビュール —————————— 36
Soupe garbure

焼きカブのサラダ、トリュフ風味 —————————— 38
Salade de navets grillés à la truffe

ゆであげホワイトアスパラガス、
ヴィネグレット風味 —————————— 40
Asperges blanches pochées, vinaigrette de xérès

ホワイトアスパラガスを2つの調理法で。
フレッシュのモリーユを添えて —————————— 41
Duo d'asperges blanches, morilles fraiches

タケノコとフォワグラのソテー、
田ゼリ添え、トリュフ風味 —————————— 44
"Takenoko" et foie gras au "Tazeri", sauce truffée

ヤリイカのクールジェット詰め、
トマトソース —————————— 48
Seiche farcie de courgette,
parfumé au cerfeuil, sauce tomates et ciboulettes

穴子と山菜のベニエ、ソース・ヴェルト —————————— 52
Beignets de "Anago" et "Sansai", sauce verte

鮎のゆっくり焼き、スイカとパッションフルーツ、
夏野菜の薬味添え —————————— 54
"Ayu" cuisson douce,
melon d'eau et fruit de la passion

アワビのゆっくり煮の肝ソース、
プラムのソテー添え —————————— 56
Oreille de mer étuvée,
sauce corail légère, prune sautée

オマールと緑大根、トリュフ風味 —————————— 58
Homard et radis vert à la truffe

小ホタテ貝のオーブン焼き、
パセリにんにく風味、
にんじんのカプチーノと季節の野菜添え —————————— 60
Pétoncles à la bourguignonne, cappuccino de carotte

ホッキ貝のムニエル、
山たけのことアーティチョーク添え ——— 62
"Hokki-gai" meunier,
"Yamatakenoko" et artichaut, sauce "Myoga"

白子とトリュフのパイ包み焼き ——— 65
Laitance de morue et truffe en feuilleté

フォワグラとイチゴのソテー、エピス風味 ——— 68
Foie gras sauté à la sauce épicée, fraises

フォワグラと桃のソテー、エピス風味 ——— 68
Foie gras sauté à la sauce épicée, pêche

Poissons
魚料理

寒びらめのポワレ、キャベツソース ——— 72
Barbue poêlée, sauce aux choux

甘鯛のうろここんがり焼き、キュウリソース ——— 75
"Amadai" cuit avec ses écailles craquantes,
sauce concombre

イサキのワイルドライス焼き、
エキゾチックソース ——— 78
Filet de "Isaki" aux écailles du riz sauvage,
sauce 'paradis'

サーモンの瞬間燻製こんがり焼き、
いろいろな味覚で ——— 81
Saumon fumé poêlé, ses condiments

まながつおのジャガイモ包み焼き、
エシャロットパセリソース、根菜のフリット添え ——— 84
"Managatsuo" enrobé de pomme de terre sauté à la
sauce aux échalottes et aux persils

カマスのポワレ、
キャビア・ドーベルジーヌ ——— 86
Filet de "Kamasu" poêlé à la crème aux herbes sur
caviar d'aubergine

サワラのミ・キュイ、
ビーツのヴィネグレット ——— 88
Mi-cuit de "Sawara", vinaigrette de betterave

やがらのポワレ、
ポム・ランデーズ、香草サラダ添え ——— 90
"Yagara" poêlé, pomme landaise, salade d'herbes

タチウオの真っ黒焼き ——— 92
Noir de "Tachiuo"

Viandes
肉料理

野鴨のロースト、サルミソース ——— 96
Col-vert rôti, sauce salmis

シャラン鴨肉のロースト、レンズ豆のブレゼ、
黄金柑のアクセント ——— 100
Canard challandais rôti aux lentilles braisées,
agrume "Ougon-kan"

鴨肉のコンフィ、
大根ソース、こんがりジャガイモ添え ——— 102
Confit de canard, sauce aux radis, pomme de terre doré

鴨のパイ包み、エキゾチックエピス風味、
旬の日本野菜添え ——— 104
Feuilleté de canard confit aux épices exotiques,
beaux légumes japonais

川俣シャモの黒米詰めロースト、
ごぼうトリュフソース ―――― 106
Volaille "Kawamata shamo" farcie de "Kurogome"
rôti, sauce salsifis à la truffe

千代幻豚のロースト、
ワイルドライス添え、野菜のオーブン焼き ―― 110
Porc "Chiyogenton" rôti, riz sauvage braisé

バベットのソテー、初夏の味わい ―――― 112
Bavette poêlée, étuvée de oignons nouveaux,
grains de blé

牛ほほ肉の赤ワイン煮込み ―――― 114
Joue de bœuf braisée au vin rouge

トリップ、私のスタイルで ―――― 117
Tripes à ma façon

Desserts
デザート

黒糖のスフレ、
ビーツのアイスクリーム添え ―――― 122
Soufflé au "Kokuto", glace de betterave

ブランマンジェ、
キャラメルのアイスクリーム添え ―――― 125
Blanc-manger, glace au caramel

バナナのパルフェ、オレンジのテュイル ―― 128
Parfait à la banane, tuile d'orange

桃のコンポート、パッションフルーツ風味、
ミントのグラニテ添え ―――― 130
Compote de pêche au fruit de la passion,
granité de menthe

ラ・ブランシュのパン ―――― 132

田代和久が語る
料理人として、オーナーシェフとして

こうして料理を作ってきた ―――― 136
　一国一城の主になる
　フランス料理に目覚めた
　「ラ・ブランシュ」オープン

手垢にまみれた料理 ―――― 142

素材を見る、食べる、極める ―――― 144

ふるさと福島のこと ―――― 146

[ルポ] 川俣シャモをたずねて ―――― 148

ジル・トゥルナードルという男 ―――― 150

同世代のシェフたち ―――― 154

素材を描く、素材を詠む ―――― 157

スタッフのこと ―――― 158

フランス料理の日 ―――― 160

料理を通してお客さんと会話する ―――― 161

料理の道に進んだおかげで ―――― 163

ラ・ブランシュのジュとフュメ ―――― 164
用語解説 ―――― 165
プロフィール ―――― 166

撮影―――――日置武晴
デザイン―――飯塚文子
フランス語校正―高崎順子
編集―――――鍋倉由記子

この本を読む前に

◎大さじ1は15cc、小さじ1は5ccです。
◎バターは無塩バターを使用します。
◎生クリームは乳脂肪45％のものを使用します。
◎オリーブ油はピュアタイプを使用します。
◎塩、コショウなどの調味料、油脂類やスパイスは、
　とくに分量を定めていなかったり、「適量」「少量」と表記しています。
　仕込む量や使う素材、好みに応じて調整してください。
◎ジュ・ド・ヴォライユとフュメ・ド・ポワソンのとり方はp164を参照ください。

旨いと思うものを作ればいい

　フランスから帰国し、銀座でシェフを経験してから35歳で「ラ・ブランシュ」をオープンした。

　最初はブーダン・ノワール（豚の血のソーセージ）やフロマージュ・ド・テート（豚の頭のテリーヌ）といった、いかにもフランス、という料理を作っていて、店に来てくれるフランス人のお客さんは喜んでいたけれど、僕の中にはだんだん「これでいいのかな？」という疑問が沸いてきた。

　なんか白々しい。皿の上に自分がいないというか、浮いちゃっている気がする……。
「日本でフランス料理を作る」ということに正直に向き合おうとするほど、向こうの料理をそのままやることが果たしていいのだろうか？　違和感を覚える自分がいた。

　僕は魚を勉強したくて、また、店を始める時に助けてくれた人たちに感謝と自分の真剣な思いを伝えたくて「1年間は休まずに築地に行こう」と決めて通っていた。そこで目が行くのはイサキ、マナガツオ、アイナメ、ホウボウなど、近海の魚ばかり。値段的に買いやすかったというのもあるが、なにより「旨いなぁ」と思って。当時、こうした魚をフランス料理で使う人はほとんどいなくて、「ラ・ブランシュは和食の魚を使っている」なんて言われたりもしたけど、僕からすれば「おいしいと思って使い始めたら、日本料理でも使われる魚だった」というだけ。こうして料理の方向性が少しずつ変わっていった。

　そんな時に、「本を出さないか」という依頼がきた（中央公論社『シェフシリーズ 日本人の味覚でフランス料理する』）。独立した翌年だったし、なにより「自分の料理はこれでいいのか」「フランス料理を作っていると言えるのか」という迷っていた時期。さんざん悩んだ挙句、店を知人に頼んで妻と2人フランスに飛び立った。本場でフランス料理を食べて「旨い」と思えたら、自分は料理を続けてもいいんじゃないか。もう、すがるような気持ちだった。

　滞在した1週間、友人に評判のレストランを聞いては、片っ端から食べに行った。おいしいと思えなかったらフランス料理の看板をはずす覚悟だったけど、食べたら、旨かった。
「自分の味覚は間違っていない」
　そう思ったら心底ほっとして、吹っ切れた。「自分が旨いと思うものを作っていけばいいんだ」。これでいいんだ、と腹づもりができた。
「自分の味覚を信じていこう」と思ったとたん、ふるさとの味や子どものころに食べたものの記憶がよみがえってきた。フランスで勉強したといっても、たかが3年。簡単にフランス人になれるはずがない。味噌汁・お新香で育った自分の味覚を、それまでは捨てようとしてきたけど、捨てなくてもいいじゃないか。その自分の味覚を大事にしつつ、でも意識はフランスに置いて料理を作っていきたい……そう思ったら、ラクになった。

　そうして近海の魚をはじめ、山菜やタケノコ、ミョウガなど日本の素材を積極的に使うようになったら、料理人仲間に「田代料理」なんて言われたことも。最初は「みんなからはずれたことをしているのかな？」という気持ちもあったけど、自分はこれでいいじゃないか。そう思ったら、皿の中に魂みたいなものが少し、ほんの少しだけど見えた気がしたんだ。

Hors-d'œuvre
オードヴル

イワシとジャガイモの重ね焼き、トリュフ風味、イワシのポタージュ添え

Terrine de sardine et pomme de terre à la truffe, soupe de sardine

　これはイワシもだけど、ジャガイモを食べる料理だ。「ジャガイモとイワシの…」とジャガイモを先にしてもいいぐらい、僕の中ではジャガイモを重視している。

　もともと僕自身、大のジャガイモ好き。こんがり焼いたものやピュレを付合せにしたり、細切りにして魚に貼り付けて焼くなど、普段からさまざまな形でジャガイモを使っている。それだけで食べても旨いのだが、たとえば、鶏と一緒にローストして肉汁や脂がしみ込んだジャガイモしかり、肉やタマネギの味がしみ込んだ肉じゃがしかり。何かと一緒に調理した時のおいしさというのも、ジャガイモにはある。

　このイワシとジャガイモの重ね焼きも、言ってみれば肉じゃがのようなもの。イワシもトリュフも全部ジャガイモに吸い込ませちゃえ！ という発想。ジャガイモは懐が深い。

　近頃はさまざまな種類のジャガイモが出回っているが、僕が一番いいと思うのはキタアカリ。凝縮した味と栗のようなホクホク感は、イワシの個性にも負けない。といっても、同じ品種が通年手に入るわけではない。「イワシとジャガイモの重ね焼き」を一年を通して出し続けるには、ジャガイモのシーズンごとに新たにセレクトする必要がある。

　このジャガイモ選び、イワシ選びからこの料理は始まる。これが仕事の大半を占めると言ってもいいぐらい。ジャガイモが切り替わる時には、毎回5〜6種類は取り寄せて食べ比べる。それぞれの味、香り、触感はもちろん、イワシと合わせた時にどうか。それを念頭にどのジャガイモにするか見極めることが大切で、実際にはなかなか「これだ」と決まらないことも多く頭を抱える。

　大事なのは品種ではなく、そのジャガイモの味。「食べてどうか」しかない。食べながら、「このジャガイモなら強めにふかすといいのでは」「イワシの塩は少し強めにしよう」とイメージし、「よし！」と思えば男爵だってメークインだって使う。イワシも同様。その時々で味を見極めることが求められる。

　ラ・ブランシュの定番料理の中でも、とりわけ人気の高いこのイワシとジャガイモ。日持ちがしないため、毎日仕込まなければいけない。夜のサービス時に味のピークがくるよう、そこからさかのぼって朝から仕込むが、できたてをランチに食べるのもまたいい。これはシェフである僕の仕事。毎日作っているけど、今も一番緊張する料理だ。

　なお、ここに添えたのはイワシのスープ。温めたクリームの中にアンチョビーを入れ、煮立たせないように合わせただけだから、味はかなりストレート。テリーヌをよりキレよく食べるために、こういう味がほしかった。

イワシは尾が太くて身ががっちり厚いもの、目が光っているものを選ぶ。

材料 [8×25×高さ6cmのテリーヌ型1台分]
イワシ……1kg（11〜12尾）
ジャガイモ*……1kg
生ベーコン……15枚
トリュフオイル*……大さじ5〜6
澄ましバター……大さじ1〜2
塩、黒コショウ

*ジャガイモは熟成したものを使う。
*トリュフオイルはトリュフのみじん切りをオリーブ油でのばしたもの。

1
ジャガイモを丸ごと蒸し器に入れ、40分ほど蒸す。

2
イワシのウロコを落とし、頭を切り落とす。腹から内臓を抜いて3枚におろし、腹骨をそぎ切る。

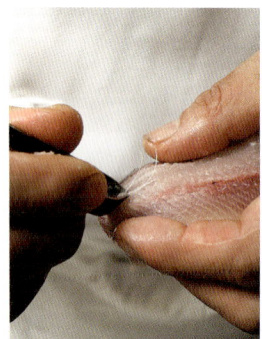

3
身に残った骨をていねいに取り除く。

4
皮を引く。皮をはずした下にも小骨があるので、ていねいに取り除く。身幅の広いものは半分に切る。

5
バットに塩、黒コショウをふる。
*イワシに塩をする際のバットは、冷蔵庫で冷やしておく。

6
イワシをバットに並べる。上からも塩、黒コショウをふる。

7
イワシの旨みをしっかり引き出すため、写真のように塩もコショウも多めにふる。

8
蒸したジャガイモは熱いうちに皮をむき、適宜の厚さ（2〜3cm）に切り分ける。

9
イワシとは別のバットに塩、黒コショウを多めにふり、ジャガイモを敷き詰める。

10
ジャガイモの上からも塩と黒コショウをふる。

11
ラップ紙をかぶせ、上から押さえてジャガイモの高さを整える。

12
テリーヌ型の幅に合わせてジャガイモを切り出す。

13
生ベーコンを叩いて薄くのばし、テリーヌ型に敷く。**12**のジャガイモを敷き詰め、トリュフオイルを大さじ1～2かけて表面をならす。
＊テリーヌ型にはあらかじめオーブンシートを敷いておく。

14
イワシを重ならないように並べ、澄ましバターをかける。
＊ジャガイモが温かいうちに詰めて、イワシの味をジャガイモに吸わせる。澄ましバターやトリュフオイルを使って贅沢感をプラスする。

15
再度ジャガイモを切り出して敷き詰め、トリュフオイルをかける。

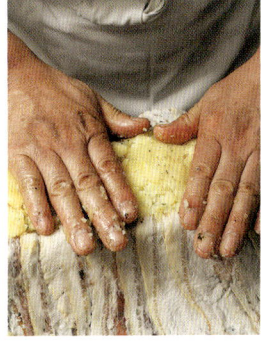

16
イワシ→澄ましバター→ジャガイモ→トリュフオイル→イワシ→澄ましバターの順に詰め、ジャガイモを重ねて表面を平らに整える。トリュフオイルをかけ、生ベーコンをかぶせる。

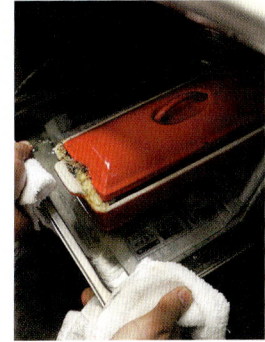

17
型にふたをして湯を張ったバットに入れ、190℃前後で40分ほど蒸し焼きにする。
＊20分経ったらいったんオーブンから出して手前を入れ替える。

18
金串を刺して、中まで火が入っていることを確認したら取り出す。氷にあてて粗熱をとる。

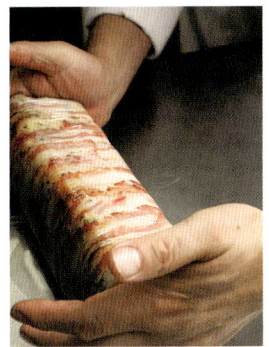

19
ラップ紙を広げたところにテリーヌを取り出し、端からぴったりきつく巻いて形を整える。

◎ ソース

鍋に生クリーム800cc、アンチョビフィレ6尾、ケイパー小さじ3を入れて火にかけ、半量になるまで煮詰めて漉す。ミキサーにかける。

◎ イワシのスープ

アンチョビフィレ8尾とジュ・ド・ヴォライユ120ccをミキサーにかけ、シノワで漉す。オーダー後に生クリーム30ccを温め、ベースを30cc加えて火を止め、混ぜる（沸かさない）。ハンドミキサーで泡立て、カップに注ぎ、トリュフオイル（きざんだトリュフをオリーブ油でのばしたもの）を1滴たらす。

◎ 仕上げ

テリーヌを厚さ2cmに切り出し、皿に盛る。ソースを添え、トリュフオイルをたらす。スープを添える。

こだわり野菜のサラダ仕立て
Beaux légumes de terroire en salade

　この料理は何ですか？　と聞かれたら「畑です」と答える。「畑に行った時をそのまま表現したい」と、あれもこれもと畑から野菜を収穫するように、ホウレン草もニンジンもカブもトマトも……と皿にのせていったらこんな形になった。

　とはいえ、すばらしい野菜が手に入らなければ、こういう料理は思い浮かばなかったかもしれない。僕が野菜に目覚めるきっかけとなった、狭山の中農園の中さんが育てるカブに出会って以来、実際に畑に足を運んだり、生産者の方を紹介されるなかで、たとえば掛川のトマト、北海道標津の夏トマト、渥美半島の春キャベツ、長野のキクイモなど、文字通りこだわって作られる野菜の数々に出会うことができた。こうした力のある野菜が身近にあったからこそ、この料理は生まれた。

　つい欲張ってしまうから、一皿にはいつも15〜16種類の野菜がのっている。この野菜を使う、使わないの基準はなく、旬の力のある野菜を盛り込めば自然と食べたい皿になると思っている。ただ、僕自身が野菜を一番旨いと思うのは、12月から3月の寒い時期。カブやダイコンなどの根菜、ホウレン草などの葉ものはこの時期に限る。

　それぞれ力のある野菜は、その個性に合わせて生のまま、焼く、さっとゆでる……とできるだけシンプルに調理して、素材の持ち味を引き出す。土から引っこ抜いた「そのまま」を食べてほしいから、ホウレン草は軸をつけたままゆでて株ごと皿に盛ってしまう。カブは葉もおいしいから葉付きで調理し、イモ類は皮付きでグリエ、上と下で味わいが異なるダイコンはできるだけ縦に切るなど、それぞれ野菜を丸ごと味わえるように意識する。何より大事なのは、野菜を切り出すところからすべて、オーダーが入ってから行うこと。15種類もの野菜を別々に調理するから、厨房はかなりバタバタになる。でもその甲斐があると断言できるから、苦にはならない。

　こうして持ち味をぐっと引き出した野菜。それぞれ主張が強いから、一皿に盛り込むとケンカしそうになる。それでいい。それをさらに引き立ててくれるのがソース・ラヴィゴット。クラシックすぎて最近はあまり見かけないけれど、僕はとても力のあるソースだと思う。ヴィネグレットだと野菜に負けてしまうことがあるけど、ラヴィゴットにはどの野菜にも「参りました」と言わせる強さと色気がある。僕のラヴィゴットは、おそらく普通にイメージするものとは違う。材料も調味料も最小限。酸味が好きだから、シェリーヴィネガーとコルニション、ケイパーを効かせてキレよく仕上げる。決め手はパセリ。提供直前にきざんで加え、フレッシュ感のある香りを際立たせる。一皿につける量はほんの少しなんだけど、このパンチのあるソースを野菜につけながら食べると、本当に旨い。

冬場に旬を迎えるカブ、ダイコン、イモ類、葉野菜を中心に、15～16種類の野菜を使用。

材料

ジャガイモ、サトイモ、ズッキーニ
赤パプリカ、赤・黄ニンジン、
紅芯ダイコン、紫ダイコン、
ホウレン草、小松菜、紅菜苔、
カブ（葉付き）、赤カブ（葉付き）、
オレンジ白菜、ラディッシュ、
緑ダイコン、トマト
　……それぞれ1～2切れ

塩、黒コショウ
オリーブ油
ゴマ油
ソース・ラヴィゴット

1
赤・黄ニンジン、紅芯ダイコン、紫ダイコンは、オリーブ油、水、粗塩を沸かしたところに加え、歯ごたえが残る程度に煮る。

2
ホウレン草、小松菜、紅菜苔などの葉野菜は、茎をつけたまま塩を加えた湯でゆでる。まず茎の部分だけをお湯に浸け、10秒ほどしたら全体を入れて20秒ほどゆでる。
＊ゆですぎに注意。

3
引き上げたら氷水に入れて引き締める。

4
カブは葉と茎だけに火を入れたい（実は生で食べる）。実の部分を持ち、葉と茎だけを塩を加えた湯にさっと通す。赤カブも同様にする。

5
葉野菜とカブの水気をペーパータオルでふく。

6
ジャガイモとサトイモは下ゆでする。ズッキーニ、赤パプリカとともに、塩、黒コショウをふる。

7
フライパンにオリーブ油を熱し、ズッキーニと赤パプリカを入れる。向きを変えながらじっくり色づける。
＊油を多めに使い、揚げ焼く感覚で火を入れる。

8
ズッキーニと赤パプリカを取り出し、焼き油を漉してかけ、しばらくマリネする。
＊油の風味を野菜に移す。

9
ジャガイモとサトイモもオリーブ油で香ばしく焼く。

10
5のホウレン草、小松菜、紅菜苔、生のオレンジ白菜をボウルに入れ、軽く塩、黒コショウをふってからませる。

11
オリーブ油を少したらし、手であえる。
＊野菜それぞれに味がなじむよう、調味料は一度に入れず、ひとつ加えるごとに手でからませる。

12
指にゴマ油をほんの少しつけ、香りをまとわせるようにあえる。

13
カブ（白・赤）は葉をつけたまま食べやすく切り、軽く塩、黒コショウをふってからめる。少量のオリーブ油を加えて手でなじませ、ゴマ油を加える。ラディッシュ、緑ダイコンも同様に調味する。

14
皿にまずトマトとジャガイモ、サトイモを盛り、それから残りの野菜をバランスよく盛りつける。ソース・ラヴィゴットを数カ所に添える。

> **◎ ソース・ラヴィゴット**
> タマネギ、コルニション2種（ノーマル、スイート）、ケイパー、パセリをみじん切りにして混ぜ、オリーブ油、シェリーヴィネガー、塩、黒コショウで味をととのえる。

じっくり練り上げた豚のリエット
Riellettes de porc, faite main

ラ・ブランシュのアミューズといえば、このリエット。
薄くスライスした自家製のパン・ド・カンパーニュに、たっぷりぬって食べてもらう。
とろりとなめらかな中に、ざらっとしたところがあるのが僕のリエットのイメージ。
舌触りがざらっとするのではなく、味にどこか粗いところがほしいという感じだ。
おもな材料は豚の腹の脂、バラ肉、モモ肉。これらを塊のまま、ふたをして蒸し煮のように
煮るのが、しっとり仕上げるコツ。肉の風味を全面に出すため、ミルポワは最小限の量に。
一番のポイントはフードプロセッサーを使わず、肉を木ベラでほぐして仕上げること。
熱いうちに、肉の繊維を1本ずつバラバラにするつもりでていねいに、ていねいにほぐしていく。
こうすると必要以上に細かくならないので、味がなじみすぎることがなく、
なめらかだけど口に繊維の余韻が残る。手で練らないと生まれない味だ。

1
リエットの材料。豚の腹脂を2〜3cm角に切り分け、タマネギをスライスする。ブーケ・ガルニはペーパータオルで包む。

材料 [作りやすい量]

豚の腹脂……450g	ブーケ・ガルニ……1束
豚バラ肉……600g	グレスドワ……100g
豚モモ肉……350g	白ワイン……100cc
タマネギ……50g	塩……20g
ニンジン……25g	白コショウ……適量
ニンニク……1かけ	

2
鍋に豚の腹脂とグレスドワを入れ、中火にかけてゆっくり溶かす。

3
半分ぐらい溶けたら豚バラ肉とモモ肉を入れる。
＊肉は塊のまま煮る。蒸されるように火が入り、しっとり仕上がる。

4
肉の色が変わったらタマネギ、ニンジン、ニンニク、ブーケ・ガルニを加え、ざっと混ぜてなじませる。

5
白ワインを加える。
＊白ワインでくさみを消し、風味をプラスする。

6
アルミ箔をかぶせたふたをし、140℃のオーブンに入れる。沸騰しない状態で6〜7時間煮る。

7
煮上がった状態。
＊何度かふたを開けて中を混ぜ、肉類が常に脂に浸かった状態にする。

8
ザルにあけて煮汁を漉す。ニンジンとブーケ・ガルニを取り出す。
＊タマネギとニンニクは残す。煮汁は粗熱をとっておく。

9
肉類とタマネギ、ニンジンをボウルに移し、熱いうちに木ベラでほぐしていく。スジや皮があれば随時取り除く。
＊上から垂直につぶすのではなく、横から繊維に沿ってほぐすように。

10
塊の部分がなくなるよう、ていねいにほぐしていく。
＊しっかり見ながらやっていると、細かなスジなども取り除ける。

11
全体的に細かくほぐれたところで、塩と白コショウを加え、混ぜる。
＊この時に肉が冷えていると調味料がなじまない。温かいうちに手早くほぐしていく。

12
粗熱をとった**8**の煮汁を少し（レードル1杯ほど）加え、木ベラで練るようにして混ぜる。

13
煮汁がすっかりなじんだら、再度煮汁を加えて同様に練り混ぜる。

14
途中でボウルを氷水にあて、冷やしながら混ぜていく。
＊ただし、冷やしすぎると煮汁が混ざりにくいので注意。

15
残りの煮汁を加える。煮汁の量はリエットの状態を見ながら加減する（全部使う必要はない）。

16
肉と煮汁がすっかりなじむまで練り混ぜる。次第に冷えて、写真のようになる。
＊冷えることで触感も味も締まってくる。この状態で味がベストになるよう、最初の塩の量を調整する。

17
写真のように、肉の繊維1本1本がしっかりほぐれている状態がベスト。ココットに移し、密閉して冷蔵庫で保存する。

カリフラワーのムース、トマトのジュレ添え
Mousse de chou-fleur, gelée de tomate, croquant de pomme de terre

ジュ・ド・ヴォライユやバターを使わずに、もっとナチュラルで
「カリフラワーそのもの」というムースが作れないかと考え、たどり着いたのがこの一皿。
小房に分けたカリフラワーを、水分が多い花のほうを下にして鍋に敷き詰め、ふたをして蒸し煮に。
火が通ったらふたをはずし、ひと房ずつ向きを変えながら"粉ふきいも"のように水分をとばしていく。
こうして持ち味をしっかり凝縮させたカリフラワーは、ミキサーでピュレにしたら、
あとは泡立てた生クリームと合わせるだけ。シンプルだが、大地の力強さを感じさせる一品だと思う。
一緒に味わってもらうジュレは、トマトを布で漉した透明なジュを柔らかく寄せたもの。
爽やかな酸味が、ムースのコクを引き立ててくれる。

材料[5人分]

カリフラワー……2個（800〜900g）
粗塩……2つまみ
砂糖……2つまみ（好みで）
水……約100cc
生クリーム……100cc
カイエンヌペッパー……少量
トマトのジュレ［作りやすい量］
　トマト……500g
　白ワインヴィネガー……少量
　塩、水……各少量
　板ゼラチン（水でふやかしておく）……1/3枚（1.5g）

1 トマトのジュレを作る。トマトを適宜の大きさに切り分ける。
＊トマトは味が濃く、酸味があるものを使用。

2 ピュレ状になるまでミキサーにかける。途中で味と濃度をみて、酸味が足りなければ白ワインヴィネガーを、濃度が高ければ水を加えて調整する。塩で味をととのえる。

3 さらしを敷いたシノワにあけ、自然に漉す。

4 写真のように透明なジュがとれる。

5 漉したジュのうち150ccを温め、水気をきった板ゼラチンを加えて溶かす。シノワで漉し、冷ます。

6 カリフラワーのムース。カリフラワーを小房に分け、塩を入れた湯でふたをして1分半〜2分ゆでる。
＊柔らかくはしない。カリフラワーに少し火を入れることで、味を引き出しやすくするイメージ。

7 氷水にとり、すぐに引き上げて水気をきる。

8 房の部分を下にして鍋に並べていく。大きめの房を鍋の外側に、小ぶりの房は鍋の中央に。
＊水分が多い房の部分が鍋に接するようにして水分を抜く。カリフラワーの量に合う大きさの鍋を使うこと。

9
粗塩、砂糖、少量の水を加え、ふたをする。弱火にかけて20〜25分蒸し煮にする。

10
軸をつまんで火の入り具合を確認し、柔かくなったら、ふたをはずして水分をとばす。
＊水分をとばすのは粉ふきいもの感覚。この時も基本的に火加減は弱火で。

11
カリフラワーの房が次第にクリーム色になり、凝縮した甘い香りがしてくる。向きを一つずつ変えながら、ていねいに水分をとばしていく。

12
ミキサーに移し、なめらかになるまで回す。
＊ほとんど水分がないので回しづらいが、少しずつ回していく。

13
ボウルに移し、氷水にあてて冷まます。

14
生クリームを8分立てにする。
＊生クリームはいったん沸騰直前まで沸かし、冷ましてから使う。こうするとムースにした時に水分が出ない。

15
13に**14**の生クリームを加え、混ぜ合わせながら冷やす。カイエンヌペッパーを加える。

◎**付合せ**
2種類のじゃがいも（キタアカリ、紫じゃがいも）を1mm厚さにスライスし、軽く塩をふる。電子レンジに入れ、1分ごとに裏返しながら5分ほどかけて乾燥させる。

◎**仕上げ**
器にカリフラワーのムースを盛り、トマトのジュレを流す。付合せを別添えにする。

冷たいたまねぎのポタージュ、フォワグラ添え
Potage froid d'oignon, foie gras sauté

タマネギは油で炒めたりせず、蒸し煮にするだけ。だしも使わないナチュラルなポタージュ。
作り始めた年は、オーダーがなかなか入らずに「一度飲んでみてください」と説明したことも。
なんだ、タマネギか。ところが、それがなんとも旨い。
ゆっくり飲んでもらうと、口の中にタマネギのコクがゆっくりと広がる。
広島県江田島のタマネギは皮がつやつや、ずっしり重く色気があり、潮風にあたっているからか
プレ・サレの羊のような独特の味わいがある。今でははずすことができない初夏のメニューだ。

材料

タマネギのピュレ[作りやすい量]
- タマネギ……1kg
- ジャガイモ……小1個
- 水……500cc
- 粗塩……ひとつまみ

仕上げ[6人分]
- タマネギのピュレ……300g
- 牛乳……300cc
- シェリーヴィネガー、白コショウ……適量

1
タマネギの天地を切り落とし、縦に2等分する。筋に対して垂直になるよう3等分にする。
＊繊維を断ち切ることで煮崩れやすくなり、味も出やすくなる。

2
タマネギの切り口を下にし、重ならないように鍋に入れる。少量の水（分量外）と粗塩を加える。
＊断面を下にすることで、水分が出やすくなる。水と粗塩は呼び水の役割。

3
ふたをして、ごく弱火で加熱する。
＊タマネギから出た水分で蒸し煮にするイメージ。

4
タマネギが完全に柔らかくなる少し手前で水を加え、薄切りにしたジャガイモと粗塩を入れる。しばらく弱火で煮る。
＊ジャガイモを加えることでとろみをつける。

5
タマネギとジャガイモが完全に柔らかくなったら、煮汁ごと氷水にあてたボウルに移し、粗熱をとる。

6
なめらかになるまでミキサーにかけ、シノワで漉す。

7
仕上げ。氷水をあてたボウルに、タマネギのピュレと牛乳を同量ずつ入れて混ぜ合わせる。シェリーヴィネガーと白コショウで味をととのえる。

◎ **付合せ**
フォアグラに塩、コショウをふり、フライパンで香ばしく焼く。

◎ **仕上げ**
器にタマネギのポタージュを注ぎ、ジュ・ド・ヴォライユのジュレ（ジュ・ド・ヴォライユを煮詰めて冷やし固めたもの）とフォアグラを添える。

夏野菜のガスパチョ、ラ・ブランシュ風
Gazpacho d'été "La Blanche"

　毎年ある時期になると、ほとんど無意識に作り始めてしまう料理がある。このガスパチョもそのひとつで、野菜をミキサーで回しながら「あ、今年も始めてしまった」と気づいたりする。

　きっかけは、韓国の一味唐辛子。ソウルの市場に行った時に、天日干しの唐辛子で一味を作っているところがあり、気になってしばらく眺めていたら「食べないか？」と声をかけられた。食べてみると、舌にしびれる辛さもあるが、それよりも甘みと香りの印象が鮮烈で、「これでガスパチョを作りたい！」とパッと頭に浮かんだ。

　フランスで食べるようなガスパチョじゃなくて、もっと"野菜をモリモリ食べる"という感じで……とイメージをふくらませるうちに出てきたのが、子どものころの懐かしい風景。川で遊ぶ時には畑でもいだばかりのキュウリやトマトも冷やしておいて、おなかがすくとおやつ代わりにかぶりついて。そんな野菜を丸かじりするようなガスパチョにしたいと考えた。

　ベースとなるガスパチョの材料は、キュウリ、ピーマン、セロリ、タマネギ、トマト。味のバランスは好みだが、僕にとっての決め手はピーマンとセロリ。そのクセのある香りが味に奥行きをもたらしてくれる。作り方は難しくないが、一気にガーッと回すのは厳禁。トマト以外の野菜をミキサーでざっと粉砕したら、トマトと一味唐辛子、塩を加え、ガガッ…ガガッ…と少しずつ回していく。口の中で個々の野菜が感じられるよう、粗さを残したピュレにするのがポイント。温度が上がると野菜の味が抜け、フレッシュ感も損なわれる気がするので、ミキサーはあらかじめ冷蔵庫で冷やしておき、粉砕したピュレも氷水で冷やしながら仕上げる。

　ガスパチョの具はアサリ、ナス、キュウリ、フヌイユ、トマト。ナスのブレゼにはエストラゴンの香りを、アサリとフヌイユにはサフランの色と香りを持たせて色気をプラス。よく冷やしておき、大ぶりに切り分けて盛りつける。これらをガスパチョと一緒にバリバリ食べ進めるのがこの料理の真骨頂。はっきり言って食べにくい。でも食べると力が湧き、夏を感じる。

　なお、このガスパチョは「ハマる人はハマる」という、ある意味僕らしい料理。タマネギのポタージュ（p26）もそうだが、最初はなかなかオーダーが入らず、それでも自分が好きだからと作り続けるうちにだんだん浸透していった。正直、作り始めた当初はお客さんの反応は考えていない。ただ自分が食べたくて作っていると、それが「これはお客さんに食べてほしい」になり、そのうちポツポツ注文が入ってようやく作り続けられる。実際にこのガスパチョも、まだごく一部のファンに支えられているといったところ。味の変化が早く、1サービス（昼または夜の営業1回）しか持たないうえに最低でも3～4人分作らないとおいしくない。このガスパチョ、実はなかなか悩ましい料理でもある。

材料 [3～4人分]

ガスパチョ
- キュウリ……80g
- ピーマン……45g
- セロリ……90g
- タマネギ（好みで）……10g
- トマト……190g
- アサリのジュ……適量
- 一味唐辛子（天日干しのもの）……5g
- 塩、オリーブ油

- アサリ……12個
- サフラン……少量
- エシャロット（みじん切り）……少量
- ニンニク（みじん切り）……少量

- ナス……4本
- ジュ・ド・ヴォライユ、水（4対1の割合）
- 塩
- ブーケ・ガルニ
  - ナスの皮……4本分
  - タイム……3枝
  - エストラゴン（フレッシュ／酢漬け）……各2～3本
  - コリアンダーシード……ひとつまみ

- キュウリ……2本
- 塩……適量

- フヌイユ（株の部分）……10cm分
- オリーブ油、サフラン……各少量

1 具材の調理。鍋にアサリ、オリーブ油、少量の水（各分量外）、サフラン、エシャロットとニンニクを入れ、ふたをして3分ほど火にかけ、殻を開ける。
＊サフランを入れることで、色だけでなく味にも色気が出る。

2 煮汁ごとボウルに移し、氷水にあてて冷ます。アサリの殻から身をはずす。

3 ナスの皮に何カ所か穴をあけ、丸ごと油で揚げる。

4 氷水に落とし、粗熱をとる。引き上げてしばらくおいてから皮をむく。
＊むいた皮も取りおく。

5 ナスの皮、タイム、フレッシュと酢漬けのエストラゴン、コリアンダーシードをペーパータオルで包み、糸で縛る。
＊ナスの皮を入れることで色素をジュに移す。フレッシュのエストラゴンは香り、酢漬けは味が目的。

6 鍋にジュ・ド・ヴォライユと水を入れて火にかけ、塩で味をととのえる。ブーケ・ガルニと5のナスを入れ、紙ぶたをして弱火で20分ほどブレゼする。
＊ナスの味を引き出すため、ジュは水でのばして使う。

7 ナスは煮汁とブーケ・ガルニごと氷水にあてて冷まし、冷蔵庫でしっかり冷やしておく。ジュは冷え固まってジュレになる。

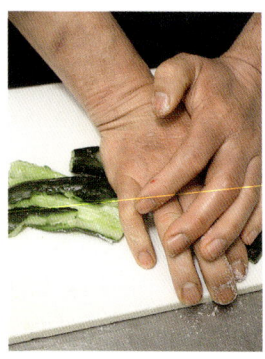

8 キュウリを半分に切る。塩をまぶして板ずりし、体重をのせるようにしてつぶす。そのまま15分ほどマリネする。

9
フヌイユの株の部分を棒状に切り、オリーブ油とサフランで30分ほどマリネする。

10
ガスパチョのベースを作る。キュウリ、ピーマン、セロリ、タマネギを小さめにきざむ。トマトを7〜8等分にする。

11
ミキサーに氷を2粒ほど入れて攪拌する。ピーマン、セロリ、タマネギと2のアサリのジュを半量ほど入れてざっと回す。

12
トマト、塩、一味唐辛子を加え、少しずつ回していく。
＊塩と一味唐辛子はしっかりめに。一度に攪拌せず、少しずつ回すことで個々の素材の食感を残すイメージ。

13
わずかに粒々感が残るぐらいまで回したら、氷水をあてたボウルに移す。

14
オリーブ油を加えて混ぜる。

◎**付合せ**
ナスのブレゼを3等分にする。**8**のキュウリはオリーブ油、ゴマ油、黒コショウで軽くあえる。トマトは串切りにする。

◎**仕上げ**
器にガスパチョを注ぎ、アサリ、ナス、キュウリ、フヌイユ、トマトを盛りつける。ナスにジュレをかける。イタリアンパセリとエストラゴンを散らす。

キクイモのカプチーノ仕立て、フォワグラ添え
Potage de topinambour façon cappuccino, foie gras

初夏のタマネギのポタージュ（p26）に対して、冬にも何かないか？ と考えたのが始まり。
キクイモはフランスではサラダに使ったぐらいで、あまりいい印象はなかったのだが、
農家の方からもらった日本のキクイモは生で食べても甘く、とくに熟成して蜜が入ったもの
には栗のような甘さがある。また、すい臓疾患や糖尿病など体にもいいという。
皮のところがおいしいので、皮付きのまま塩と少量の水で蒸し煮にして味を引き出せば、
あとは牛乳でのばすだけで充分満足できる一皿になる。

材料 [約13人分]
キクイモ……1kg
タマネギ……½個
セロリ……50g
水……800～1000cc＊
粗塩……ひとつかみ
仕上げ [1人分]
- キクイモのピュレ……60g
- 牛乳……120cc
- 塩、白コショウ

＊水の量はキクイモの状態（水分量など）によって加減する。

1 キクイモは皮をむかずに使う。歯ブラシで表面の土を落とし、水で洗う。

2 キクイモを3～4mmの厚さに切る。タマネギとセロリは薄くスライスする。
＊色が変わっている部分は、蜜が入っていてとくに甘い。

3 鍋にタマネギとセロリを敷き、上にキクイモを並べる。
＊キクイモの場合、水と塩で煮るほうが自然な風味を引き出せる気がするので、ミルポワ（タマネギ、セロリ）を含めてスュエしない。

4 分量のうち100ccほどの水を加えて粗塩をふり、ふたをして弱火～中火で蒸し煮にする。
＊水は最小限の量で。30～40分かけてじっくり味を引き出す。

5 キクイモが柔らかくなったら残りの水を加え、弱火で10分ほど煮る（写真は煮上がったところ）。
＊キクイモが吸った旨味を水に還元するようなイメージ。

6 熱いうちにミキサーにかけ、ピュレ状にする。

7 シノワで漉してなめらかにする。

8 オーダーが入ったら7のピュレ60gと牛乳120ccを鍋に入れ、混ぜながら火にかける。塩、白コショウで味をととのえる。

9 ハンドミキサーで泡立てる。

◎付合せ
フォワグラのスライスの片面だけに塩、黒コショウをふり、フライパンで香ばしく焼く。キクイモもスライスし、電子レンジに入れ、1分ごとに裏返しながら乾燥させる。

◎仕上げ
器にポタージュを注ぎ、キクイモとフォワグラを添える。

スープ・ピストゥー
Soupe pistou

野菜それぞれの味と、それらが渾然一体となった時のおいしさ。
このスープではそのどちらも感じてほしいので、野菜は一度に炒めずに、1種類ずつ塩をしながら
シュエしては次の野菜を加えて……とひとつひとつ味を引き出していく。
ポイントはある程度しっかり塩をすることで、薄味だとかえって水っぽくなってしまう。
シュエの段階で野菜から充分味が引き出されていれば、煮る時間は20分ほどでOK。
ニンニクは最初から加えず、油でじっくり香りを引き出したものを最後に投入してアクセントに。
フヌイユを鮮烈に効かせたラヴィオリとのコントラストも楽しい一皿。

材料[約8人分]

タマネギ……160g
ニンジン……100g
セロリ……80g
ズッキーニ……90g
キャベツ……100g
トマト……小2個
生ベーコン……80g
オリーブ油、塩
水……約600cc
ジュ・ド・ヴォライユ……約400cc
ニンニクのコンフィ
　┌ ニンニク(みじん切り)……小さじ2
　└ オリーブ油

1
野菜類を1cm角、厚さ2～3mmのペイザンヌに切り揃える。生ベーコンも同じぐらいの大きさに切る。

2
鍋にオリーブ油を入れて火にかける。生ベーコンを入れ、脂を外に出すようにじっくり炒める。

3
野菜のうち、まずタマネギを入れ、塩をふってスュエする。
＊味を引き出すため、塩はしっかりふる。

4
タマネギ全体に油が回ったら、ニンジンを加える。同様に塩をふり、炒める。

5
セロリを加えて塩をし、全体を混ぜて炒める。油が回ったらズッキーニ、キャベツの順に加え、それぞれ塩をして同様に炒めていく。
＊野菜1種類ごとに塩をして、個々の味を引き出すイメージ。

6
最後にトマトを加えて塩をし、全体を混ぜ合わせる。
＊この段階で野菜の味がしっかり引き出されていること。

7
水とジュ・ド・ヴォライユを注ぎ入れる。いったん沸かしてアクを引き、20分ほど煮る。
＊ジュを控えめにして野菜を引き立てる。野菜からすでに味が出ているので、短時間で仕上がる。

8
ニンニクのみじん切りを、コンフィの要領でオリーブ油でじっくり煮る。香ばしい香りが出たら7に加える。
＊ニンニクを加えることで南仏の香りをプラス。加える量はスープの味を確認して調整する。

◎付合せ
ラヴィオリ。タマネギ、セロリなどその時にある野菜を細かくきざみ、生ベーコンと一緒に炒める。フヌイユのみじん切りを加え、塩、黒コショウで味をととのえる。パセリを混ぜ、冷ましておく。ラヴィオリ生地(薄力粉200g、全卵2個、オリーブ油、塩を練り、ねかしてからのばす)で包んで丸く抜き、塩とオリーブ油を入れた湯でゆでる。

◎仕上げ
1人分のスープを鍋に入れ、白インゲン豆(水に一晩浸けてもどした豆を、ブーケ・ガルニとともに柔らかく煮る)と、バジルとオリーブ油をミキサーにかけたものを加える。器にゆでたラヴィオリを盛り、スープを注ぐ。

スープ・ガルビュール
Soupe garbure

これは2011年の東日本大震災のあと、炊き出しなどでたくさん作ることになった料理。
具だくさんで栄養たっぷり。身体が温まってほっとする、「食べるスープ」だ。
ガルビュール自体はフランスの地方料理だが、自分の中ではだんご汁やけんちん汁など、
ふるさとの野菜をコトコト煮込んだ汁もののイメージ。
だから、白インゲン豆以外にもスナップエンドウやグリーンピースを加えるなど盛りだくさんに。
塩漬けにした豚を使うことでスープにいいだしが出るので、フォンなどは不要。
何気ないけど、しみじみおいしくて大好きなスープだ。

材料［約6人分］

- 豚バラ肉……100g
- 鶏モモ肉*……80g
- ラード……50g
- 生ベーコン……1枚
- タマネギ……40g
- ニンジン……40g
- セロリ……40g
- ニンニク……1片
- 水……約800cc
- 粗塩……5g
- ブーケ・ガルニ……1束
- ジャガイモ（ゆでておく）……2個
- カブ……2個
- ポワロー……40g
- ちりめんキャベツ……40g
- キャベツ……40g
- スナップエンドウ……4本
- グリーンピース（固めに塩ゆで）……20g
- 白インゲン豆（ゆでたもの*）……20g
- パセリ（みじん切り）……ひとつかみ
- 塩、グレスドワ

*鶏の代わりにシャモを使うことも。
*白インゲン豆は水に一晩浸けてもどし、ミルポワと一緒に煮る。

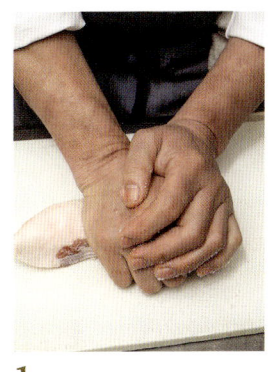

1
豚バラ肉に塩を多めにふり、上から押さえるようにして揉む。冷蔵庫で1時間〜一晩おく。
*塩漬け豚にすることで旨みがアップし、いいだしが出る。

2
豚バラ肉、鶏モモ肉、ラードを1.5cm角に切る。

3
タマネギ、セロリ、ポワロー、キャベツ2種類を1.5cm幅に切る。ニンジンは輪切りにする。ゆでたジャガイモとカブは食べやすい大きさに切り、スナップエンドウはスジをとる。ニンニクは半分に切る。

4
鍋にグレスドワとラードを入れて火にかける。半分溶けたところで豚バラ肉と鶏モモ肉を入れ、色が変わるまで炒める。

5
タマネギ、ニンジン、セロリ、ニンニクを加えてスュエする。しんなりしたら水を注ぎ、沸いたら粗塩を加えて10分ほど煮る。

6
スープに素材の味が出ていることを確認し、ジャガイモ、カブ、ポワロー、2種類のキャベツ、ブーケ・ガルニを加えて煮る。

7
6の野菜に火が入ったら、スナップエンドウ、グリーンピース、白インゲン豆を加え、パセリをたっぷりふる。

8
火を止め、生ベーコンを加えて自然に溶かす。トマトをきざんで加える。

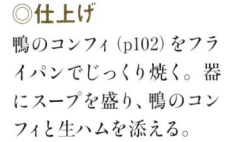

◎仕上げ
鴨のコンフィ（p102）をフライパンでじっくり焼く。器にスープを盛り、鴨のコンフィと生ハムを添える。

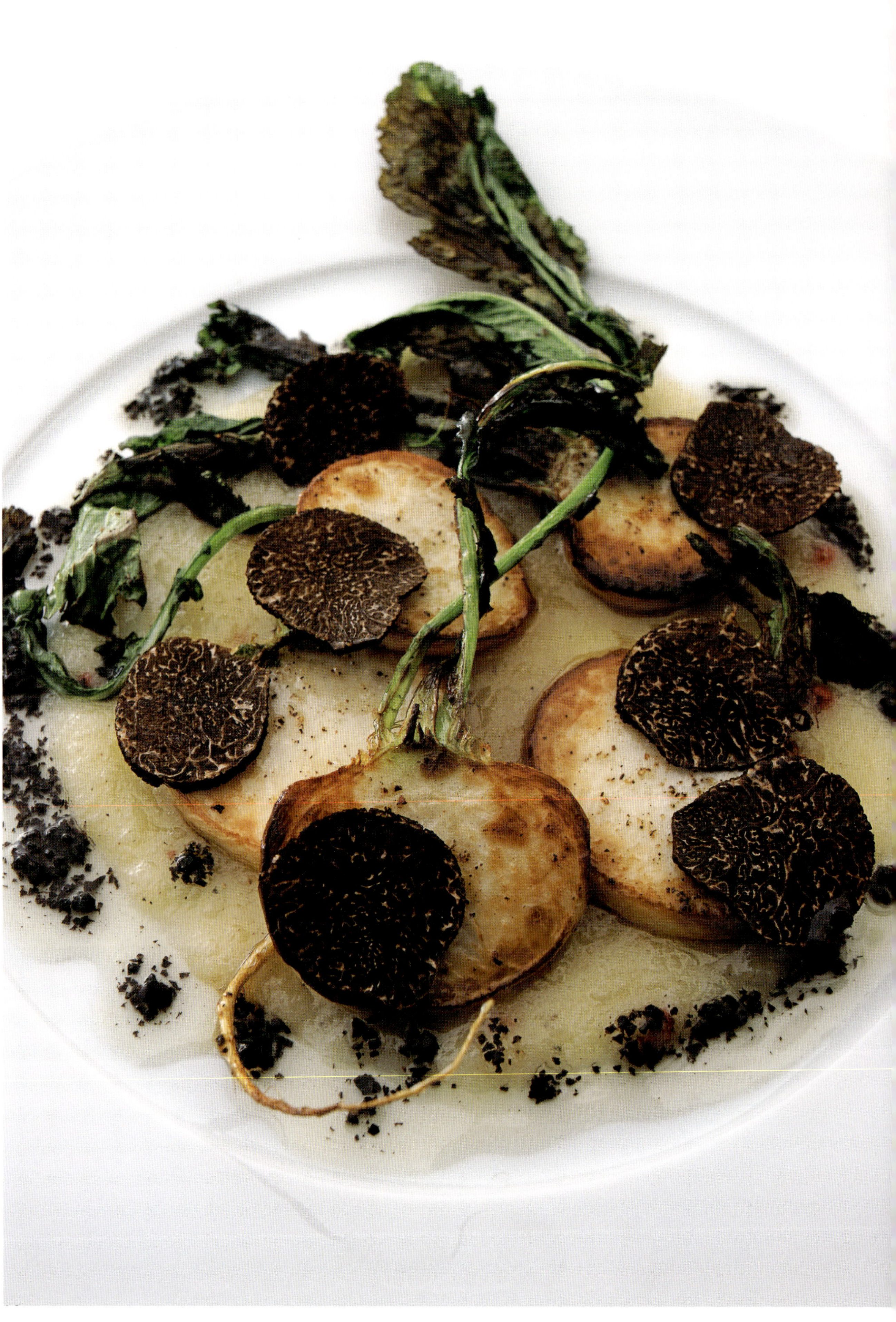

焼きカブのサラダ、トリュフ風味
Salade de navets grillés à la truffe

カブは、僕にとってエポックメイキング的な素材。
狭山の農家の中さんが作るカブとの出会いが、僕の料理の方向性を左右したといってもいい。
中さんのカブは力強いから、焼いても崩れたりしない。なにより、その旨さに驚かされた。
それを生かすには、カブだけで一皿を作ってみよう、そう思ってできた一品だ。
丸ごと味わってほしいから、カブは皮をむかずに、茎も葉もつけたまま切り分ける。
サラダだから火を入れすぎないよう、強めの火で焼きつけて実の甘さと葉の香ばしさをぐっと凝縮。
また、すりおろしたカブをソース代わりにして、生のカブが持つやさしい味もプラスした。
シンプルだけど、自分の驚きが伝えられたのか、すぐにお客さんに受け入れられた料理だ。

材料 [1人分]
カブ（葉付き）……2個
塩、黒コショウ
オリーブ油
カブのソース
　カブ……1個
　塩、黒コショウ
　オリーブ油……適量
　赤粒コショウ……ひとつまみ

1 カブのソースを作る。カブを皮ごと粗めにすりおろす。

2 塩と黒コショウで味をととのえ、オリーブ油を加えてなめらかにのばす。軽くつぶした赤粒コショウを加える。

3 皮と葉をつけたままカブを縦に7〜8mmの厚さに切る。葉と実にまんべんなく塩、黒コショウをふる。
＊カブの端の部分は別の料理に使う。塩をしっかりふるのがポイント。

4 フライパンにオリーブ油を多めに引き、火にかける。カブを入れ、強めの火加減で焼く。

5 焼き色が香ばしくついたら裏返す。カブの中まで火が入らないように注意。
＊カブの甘みできれいな焼き色がつく。

◎仕上げ
皿にカブのソースを丸く敷き、焼いたカブを盛る。ソースの周りにトリュフオイルを流し、全体にトリュフを散らす。

ゆであげホワイトアスパラガス、ヴィネグレット風味
Asperges blanches pochées, vinaigrette de xérès

ホワイトアスパラガスを2つの調理法で。
フレッシュのモリーユを添えて
Duo d'asperges blanches, morilles fraiches

ゆであげホワイトアスパラガス、ヴィネグレット風味
Asperges blanches pochées, vinaigrette de xérès

僕は日本の素材を好んで使うけれど、ホワイトアスパラガスに関してはフランス産。
というのも、ホワイトアスパラガスの季節は春。春といえば山菜。
たらの芽やウドなど山菜を思わせる軽いえぐみを、ホワイトアスパラガスにも求めているのだ。
フランスではくたくたにゆでるのが一般的だが、僕はあまり好みじゃない。
かすかに歯ごたえが残るぐらいがベストで、そのために、完全に柔らかくなる前に氷水にとって
アスパラガスにそれ以上火が入らないようにしている（こうすると多少の苦みも落ちる）。
なお、根元の固い部分もゆでてソースにするが、これもくたくたの柔らかいピュレではせっかくの
フレッシュ感が台無し。適度な触感があるものを包丁で叩くからこそ、甘みや香りが感じられるのだ。

材料[1人分]
ホワイトアスパラガス（フランス産）……2本
粗塩……適量
シェリーヴィネガー……適量
オリーブ油、黒コショウ

1
ホワイトアスパラガスの下の固い部分を切り落とし、穂先の部分を残して皮をむく。
＊切り落とした部分や皮はとりおく。

2
鍋に湯を沸かし、粗塩を多めに入れる。1のアスパラガス、切り落とした部分を入れ、皮をふたをするようにのせて弱火でゆでる。
＊皮を一緒にゆでることで風味をプラスする。微沸騰でゆっくり火を入れていく。

◎**仕上げ**
皿にソースを敷き、ホワイトアスパラガスを盛る。

3
火が入ったら氷水にとる。すぐに引き上げてシェリーヴィネガーとオリーブ油をからめる。
＊中まで火を通すが、くたくたになるまではゆでない。

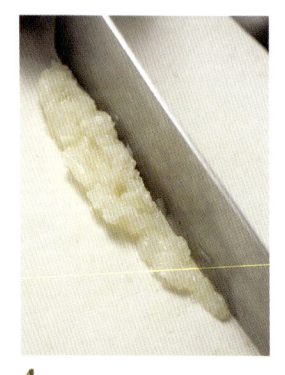

4
切り落とした固い部分を細かくきざむ。
＊ミキサーにかけず、刃叩きすることで触感を残す。

5
ゆで汁とオリーブ油でのばし、黒コショウで味をととのえる。
＊ティエド（生温かい）ソースにする。

ホワイトアスパラガスを2つの調理法で。
フレッシュのモリーユを添えて
Duo d'asperges blanches, morilles fraiches

　ゆでたホワイトアスパラガスに、細かく包丁で叩いてゆで汁でのばしたアスパラガス、じっくり香ばしく焼き上げたアスパラガスを添えて、ひとつの素材を多角的に味わってもらう。付合せにしたモリーユ茸も春の素材。シンプルにソテーして、仕上げにエシャロットやニンニク、バターの香りをプラス。その焼き汁もホワイトアスパラガスにかけて、一緒に味わっていただく。なお、これはあくまでもある年の料理。たとえばベーコンやアーモンドと煮てからピュレにしてブランマンジェ仕立てにしたり、クラシックにソース・ムースリーヌや温泉卵を添えたりと、ホワイトアスパラガスは毎年さまざまに形に仕立てて、提供している。

材料 [1人分]
- ホワイトアスパラガス（フランス産）……2本
- 粗塩……適量
- 塩、黒コショウ、オリーブ油
- モリーユ茸（生）……3個
- エシャロット（みじん切り）……少量
- ニンニク風味のオリーブ油……少量
- バター……少量

1 p42の要領でホワイトアスパラガスをゆでる。

2 火が入ったら氷水にとり、すぐに引き上げてオリーブ油をからめる。温かい場所に置いておく。
＊くたくたになるまではゆでない。また、ゆで汁はとりおく。

3 切り落とした固い部分を細かくきざむ。ゆで汁とオリーブ油でのばし、黒コショウで味をととのえる。

4 モリーユ茸を半分に切る。オリーブ油を引いたフライパンに切り口を下にして入れ、香りを出すように焼く。

5 香ばしく色づいたら裏返し、エシャロット、ニンニク風味のオリーブ油、バターを加える。塩、黒コショウで味をととのえる。

6 縦にスライスしたホワイトアスパラガスに塩、黒コショウをふり、オリーブ油でじっくり焼く。

◎仕上げ
皿に3のホワイトアスパラガスをソース代わりに敷き、ゆでたアスパラガスと焼いたアスパラガスを盛る。ソース・ヴィネグレット（オリーブ油とくるみ油を1対3の割合で合わせ、シェリーヴィネガーを加えて混ぜる）をたらし、モリーユ茸を添える。モリーユ茸を炒めた時のジュをかける。

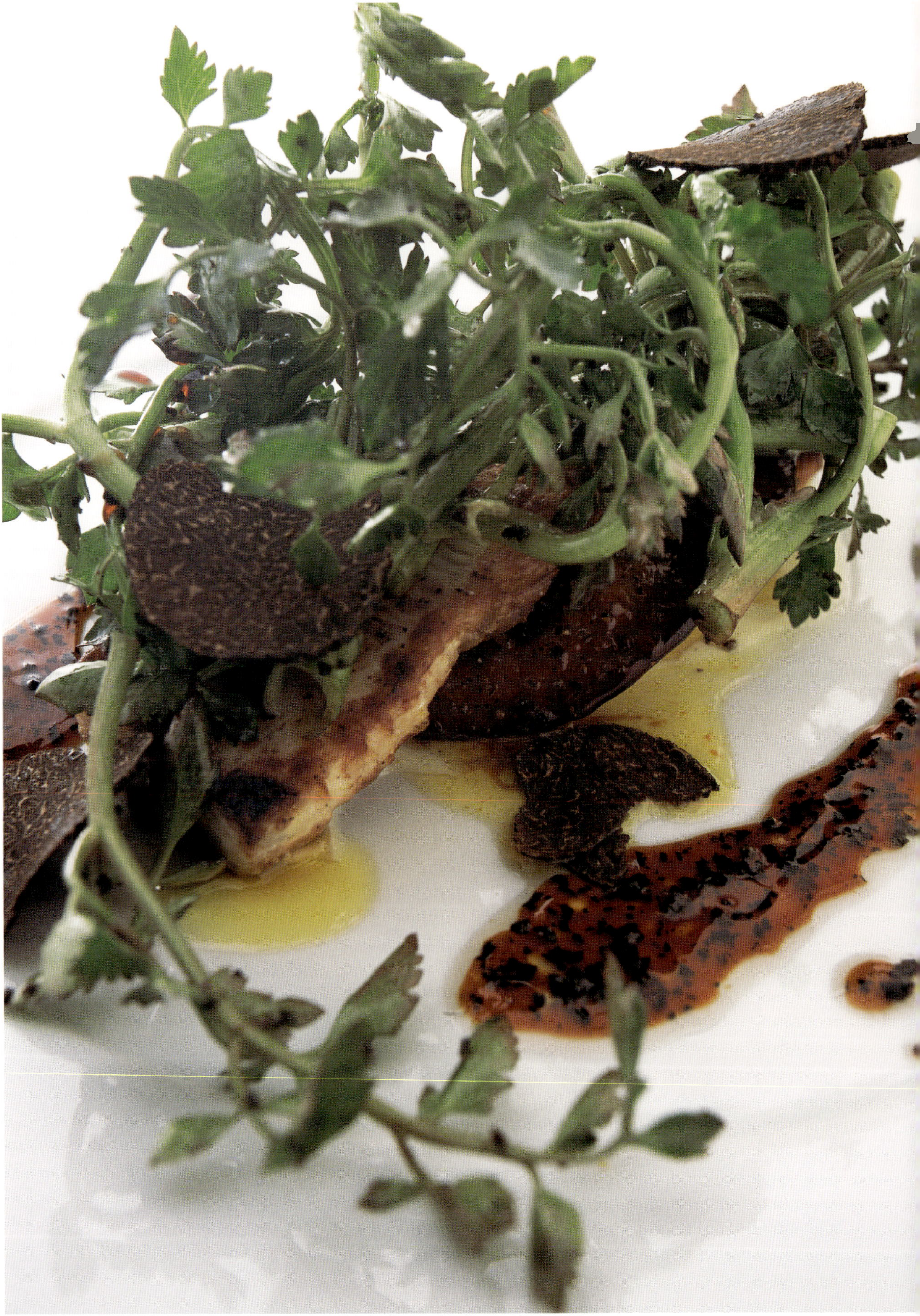

タケノコとフォワグラのソテー、
田ゼリ添え、トリュフ風味
"Takenoko" et foie gras au "Tazeri", sauce truffée

　ラ・ブランシュの春のメニューといえば、このタケノコとフォワグラの料理。タケノコが出始める1月の終わりごろからタケノコが終わる5月ぐらいまでの間、何度も来る人がいるほどハマる人はハマってしまう料理だ。

　きっかけはフォワグラだった。「フォワグラで何か新しい一皿を」と考えた時に、すぐに浮かんだのがタケノコだった。表面をカリッと焼いた香ばしいフォワグラとこんがり焼き上げたタケノコ。間違いなく旨い、と確信した。

　タケノコは僕にとってふるさとの味。幼少期に住んでいた家の裏に竹林があり、春になるとタケノコを掘って皮付きのまま焼いたものを砂糖醤油で食べたり、煮ものや炊き込みごはんにしたり。遊ぶ時は梅干しを竹の皮で包んだものをしゃぶっていたなど、たくさんの思い出がある。また、同じ時期に田んぼのあぜ道にはえていて、おひたしにしたり味噌汁に入れていたのが田ゼリ。そんな原体験の味覚を追いかけつつ、自分の「食べたい」という気持ちに正直に作り上げたのが、このタケノコとフォワグラのソテーだ。

　タケノコのおいしさは掘りたてのフレッシュな香り。噛んだ時のコリッとした触感と口に広がる香りは、ア・ラ・ミニュートで焼き上げてこそ。僕はタケノコを立てるようにしてフライパンに入れ、底の部分からじっくり焼き始める。タケノコは上へ、上へと伸びていくものだから、その向きで焼いたほうがタケノコの香りが立つ気がするのだ。

　もうひとつの主役のフォワグラは、ソースがポイント。香ばしく焼き上げたフォワグラに僕がほしいのは、甘じょっぱい感じとエキゾチックな香り。エシャロットとたっぷりの白ワイン、貴腐ワイン、白ワインヴィネガー、ジュ・ド・ヴォライユを煮詰めたソースは、贅沢だけどどこか砂糖醤油のような懐かしさをイメージ。甘く妖艶な八角とキレのよい黒コショウの香りを効かせ、仕上げにトリュフをプラスして贅沢さを持たせた。

　また、たっぷり添えた田ゼリもこの皿の大事なポイント。その力強い香りと軽いえぐみがたまらなく春を感じさせると同時に、フォワグラの味を引き締める重要な役割を担う。足が短かく、香りがしっかりあるものを使いたい。

　なお、この料理を陰で支えるのが、フォワグラとタケノコの下に敷いているジャガイモのピュレ。タケノコとフォワグラだけでは、それぞれストレートに主張するだけでバラバラな印象なのを、このピュレが上手に結び付けてくれる。僕の中ではピュレは土のイメージ。フォワグラの脂や甘じょっぱいソースを吸うことで、ピュレもまた旨いガルニチュールになる。これをタケノコやフォワグラ、田ゼリ、トリュフと一緒に食べることで、僕自身が最初に「食べたい」と思った味が完成するのだ。

材料 [1人分]

タケノコ*……小1本
フォワグラ……60g
フォワグラ用ソース*……少量
田ゼリ……適量
ソース・ヴィネグレット……少量
トリュフ（きざむ）……少量
塩、黒コショウ、グラニュー糖、オリーブ油
ソース
　┌ ソースのベース（p47）……50〜60cc
　│ ジュ・ド・トリュフ……小さじ1〜2
　└ トリュフ（きざむ）……少量

*タケノコをゆでる際は、タケノコ8〜10本に対してルイボスティーを2つまみほど用意する。
*フォワグラ用のソースは、p68「フォワグラとイチゴ」参照。

1
タケノコをゆでる。タケノコを流水にあてながらタワシで洗う。

2
タケノコの根元の固い部分と穂先を切り落とす。
*穂先は実の断面が見えるぐらいまで切ることで、中まで火が入る。

3
鍋に水とルイボスティー、タケノコを入れて火にかける。香りをプラスするため、切り落としたタケノコの根元と穂先も入れ、ミジョテの状態でコトコトと煮る。
*「ゆでる」ではなく「蒸し煮」の感覚で火を入れる。

4
竹串を縦に刺して火の通り具合を確認する。スッと入れば火を止め、ゆで汁につけたまま冷ます。

5
冷めたら皮をはがし、両サイドを少し切り落としてから2等分にする。

6
タケノコの水気をぬぐい、両面に塩、黒コショウをふる。軽くグラニュー糖もふる。
*グラニュー糖をふるのは、香ばしい焼き色と風味をプラスするため。

7
両面に薄力粉（分量外）を薄くまぶし、余分をはたき落とす。

8
フライパンにオリーブ油を引き、タケノコを立たせて底面から焼いていく。

9
こんがり色がついたらタケノコの向きを変え、全面を香ばしく焼く。
*中から香りをぐっと引き出すつもりで、時間をかけて焼いていく。

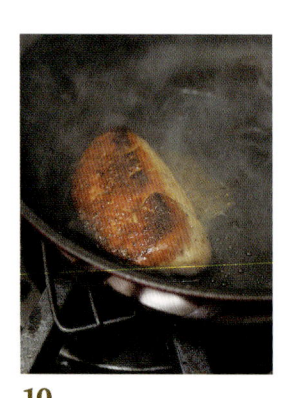

10
フォワグラに塩、黒コショウをふり、フライパンで両面を香ばしく焼く。

11
フォワグラ用のソースをぬる。

12
田ゼリのヒゲを手で取り除く。トリュフを入れたソース・ヴィネグレットであえる。

13
ソース。ソースのベースにジュ・ド・トリュフを加えて火にかける。温まったら火からおろし、トリュフのアッシェを加える。

◎ **付合せ**
ジャガイモのピュレ。ジャガイモ1個を蒸して裏漉しする。温めた牛乳と生クリーム（合わせて200cc）を少しずつ加えてなめらかにし、塩、コショウで味をとのえる。

◎ **仕上げ**
皿にジャガイモのピュレを敷く。タケノコ、フォワグラ、タケノコと斜めに重ね、田ゼリをふわっとのせる。トリュフのスライスを散らし、周りにソースを流す。

◎ **ソースのベースの作り方**
さまざまなソースに使うラ・ブランシュのベース。

材料
エシャロット……1.1kg
グラニュー糖……ひとつかみ
粗塩……ひとつまみ
白ワインヴィネガー……約500cc
貴腐ワイン……1本（750cc）
白ワイン……4本
ジュ・ド・ヴォライユ……4ℓ

1 寸胴鍋にグラニュー糖と粗塩を入れて火にかける。厚さ3〜4mmにスライスしたエシャロットを入れて炒める（写真上）。
＊強めの火加減で、グラニュー糖でカラメリゼするように炒める。
2 白ワインヴィネガーを加え、ムイエして酸味をとばす。貴腐ワインと白ワインを加え、沸いたら弱火にしてしばらくコトコトと煮る。
3 エシャロットが柔らかくなったら、温めたジュ・ド・ヴォライユを加える。沸いたらアクを引き、再び弱火にして煮る。
＊鍋の周りにスュックがついたら、こそげ落とす。
4 7割ほどに煮詰まったら（写真下）シノワで漉す。シノワに残ったエシャロットを軽く絞り、鍋に入れて粗塩をふり、白ワインヴィネガーと水でムイエする。シノワで漉す。
5 漉したジュとムイエしたジュを再度火にかけ、アクを引きながら半分ぐらいまで煮詰める。この状態で保存する。

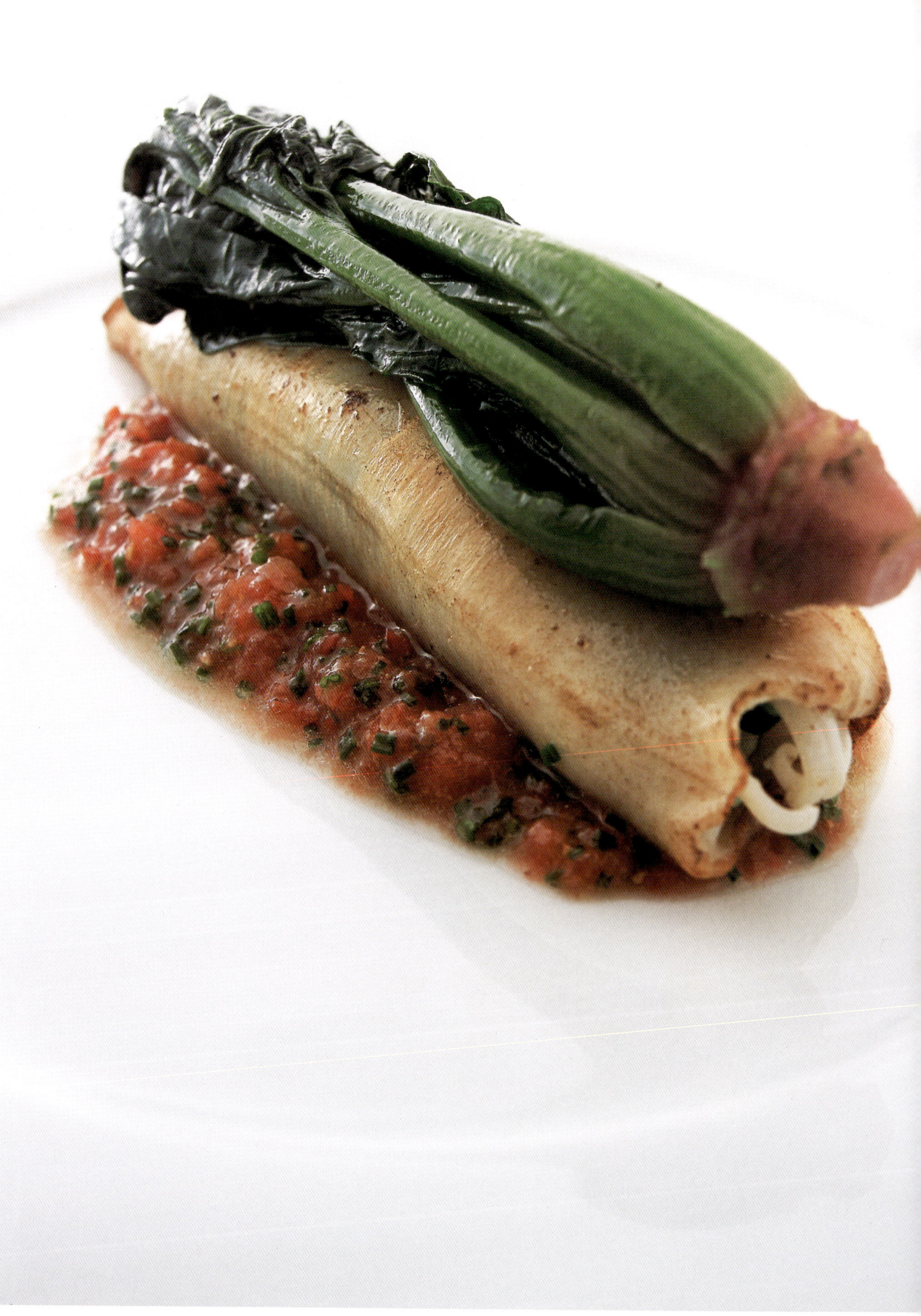

ヤリイカのクールジェット詰め、トマトソース
Seiche farcie de courgette, parfumé au cerfeuil, sauce tomates et ciboulettes

フランスから帰ってきて生のイカを食べた時に、「旨いなぁ」「このまま料理にできないかなぁ」と感じたところから始まった料理。日本のイカの生のおいしさ、甘みを生かしたいと考えた。以来30年近くさまざまな変遷を経て今にいたるが、一番変わったのは下に敷くトマトソース。昔はトマトがおいしくなかったから、エシャロットをきざんで加えたり、味がたりない時にはトマトペーストを加えたりしたこともあった。
でも、実が締まって味も凝縮した、いわゆる"おいしいトマト"が出回るようになってからは、トマトそのものをソースにするように。具体的には、包丁をほんの数ミリ持ち上げては押しつぶすようにしてトマトを叩いていく。泡が立つまで細かくなったら、旨さを充分引き出した証拠。「面倒な」と思われるだろうが、こうしたソースは皿の中でボディブローのように効いてくる。
この料理は、クールジェットを切り出すところから、トマトを叩くところからア・ラ・ミニュートで作るので、オーダーが入ると厨房は大忙し。でも、だからこそ新鮮なヤリイカの甘みやクールジェットのシャキシャキ感、トマトのフレッシュ感がイキイキと感じられる一皿になる。
なお、ヤリイカにのせたホウレン草もこの皿の大事な存在だ。食べづらいと言われることもあるが、ホウレン草を一把ごと食べるのもいいもの。ヤリイカもホウレン草も2月ごろがベストで、トマトも本当の旬は冬。この皿を食べて、早春を感じてもらえたらいい。

材料[1人分]

ヤリイカ……1杯
塩……適量
カイエンヌペッパー……ごく少量
ズッキーニ……1本
セルフイユ（太い茎ははずす）……ひとつかみ
トマト……½個

シブレット（みじん切り）……小さじ2
オリーブ油……大さじ1～2
シェリーヴィネガー……少量（好みで）
ホウレン草……1株
塩、黒コショウ、オリーブ油、ゴマ油
＊トマトはファーストを使用。

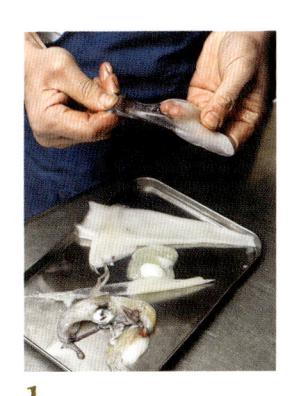

1 ヤリイカの足と内臓を引っ張り出し、薄皮をむく。中に残っている内臓と軟骨を取り除く。えんぺらの薄皮もむく。

2 内側に何度か水を入れては、しごき出すようにして洗う。水気をふく。

3 えんぺらから固い部分を取り除く。身とえんぺらの汚れをそぎ落とす。

4 ズッキーニの天地を切り落とし、マンドリーヌで縦に薄く切る。
＊厚さは3mmが目安。

5
皮に沿って3mm幅に切り、その
すぐ内側を3mm幅に切る。
＊種の部分は触感が異なるので、
ここでは使わずにスープやソース
に用いる。

6
写真のように、皮に沿った部
分とそうでないものを分けてお
く（火の入り方が異なるため）。

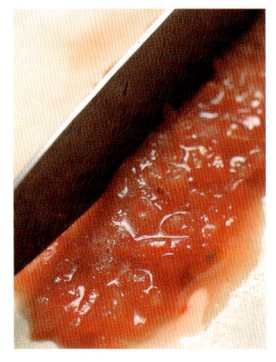

7
トマトソースを作る。トマトの
へたを取り、厚さ3mmに切って
から適当にきざむ。
＊包丁で「叩く」のではなく「押し
つぶす」感覚で。トントンと音がす
るほど刃は持ち上げない。

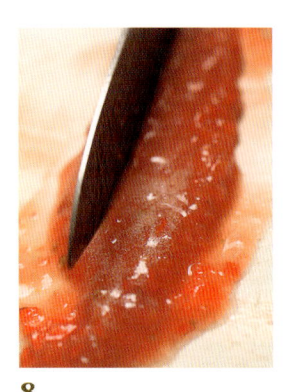

8
ていねいにつぶしていくと、次
第に細かい泡が立ってくる。
＊こうすることでトマトのジュが絞り
出され、本来の味が引き出される。

9
トマトをボウルに移し、塩、コ
ショウ、オリーブ油、シブレッ
トを加えて混ぜる。味を確認
し、好みでシェリーヴィネガー
を加える。

10
フライパンにオリーブ油を多め
に引き、火にかける。塩、黒コ
ショウをまぶしたズッキーニを、
皮がついたものから入れる。

11
ざっとなじませたら残りのズッ
キーニを入れ、全体に油をか
らめるようにさっと炒め、火を
止める。

12
セルフイユを加え、一度鍋をあ
おる。

13
すぐに氷水にあてたボウルに移
し、それ以上火が入らないよう
にして冷ます。
＊生ではないが生に近いぐらいの
触感に仕上げる。

14
ホウレン草の軸の先端を切り
落とし、軸の周りをぐるりと一
周だけむく。

15
塩を入れた湯に、まず軸の部
分だけを浸けて15秒ほど加熱
する。

16
全体を湯に浸け、1分ほどゆで
る。氷水にとり、急冷する。

17
ヤリイカのえんぺらを2㎜幅に切り、13の冷ましたズッキーニと混ぜ合わせる。

18
ヤリイカの内側に塩をふり、カイエンヌペッパーも軽くふる。

19
17のえんぺらとズッキーニを詰める。

20
表面にも塩とごく少量のカイエンヌペッパーをふる。

21
フライパンにオリーブ油を熱し、ヤリイカを入れる。香ばしさを出すように、中火で焼く。焼き色がついたら裏返し、同様に焼く。

22
急冷したホウレン草に塩、コショウをふり、オリーブ油とほんの少量のゴマ油を加えてからめる。

◎仕上げ
トマトソースを皿に敷き、その上にヤリイカを盛る。ホウレン草を形よくまとめてのせる。

穴子と山菜のベニエ、ソース・ヴェルト
Beignets de "Anago" et "Sansai", sauce verte

ふるさとの味を立脚点にしている僕にとって、山菜は早春に欠かせない素材。
たらの芽、山ウド、ワラビ、ゼンマイ、フキ……季節になると自然と身体が欲してしまう。
山菜は付合せに使うことも多いが、この料理は主役として仕立てた一皿。
ほろ苦さやえぐみのあるものは油と相性がいいので、衣をごく薄くまぶしてベニエに。
もうひとつの主役であるアナゴも、脂がのっていて山菜と相性がいい素材だ。
揚げ油の一部をオリーブ油にすることで、アナゴも山菜もサクッと軽やかに仕上がる。

材料[1人分]
アナゴ……4切れ
山菜（好みのもの*）……適量
ベニエ生地
　薄力粉……50g
　インスタントドライイースト……1g
　ビール……20cc
　水……70cc
薄力粉、揚げ油、塩

*ここではウルイ、ゼンマイ、フキ、ワラビ、タラノメ、山ウド、コシアブラを使用。

1
ベニエ生地を作る。ボウルに薄力粉とインスタントドライイーストを入れて混ぜ合わせ、ビールと水を加えて泡立て器で混ぜる。

2
ラップ紙をかぶせて20〜30分おく（写真は30分後の状態）。

3
アナゴをさばき、骨をはずして食べやすい大きさに切り分ける。

4
写真右からウルイ、ゼンマイ、フキ、ワラビ、タラノメ、山ウド、コシアブラ。それぞれ汚れを取り除く。

5
アナゴに薄力粉を薄くまぶし、余分をはたき落とす。全体にベニエ生地をつけ、170℃の油で揚げる。
*油はサラダ油4に対してオリーブ油1ぐらいを合わせる。

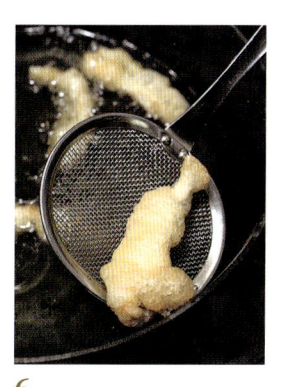

6
きれいにキツネ色になったら引き上げて油をきり、塩をふる。

7
山菜類にも粉を薄くまぶす。ベニエ生地を、片面または一部にだけつける。
*ベニエ生地がついていない部分をあえて作り、山菜の色を生かす。

8
油の温度を少し下げ、火の入りづらいものから揚げる。油をきり、塩をふる。

◎ ソース
ソース・ヴェルトは、みじん切りにしたタマネギ、コルニション、パセリ、ゆで玉子とマヨネーズを混ぜてタルタルソースを作る。これとバジル、パセリをミキサーにかけ、塩、グラニュー糖、バルサミコ酢、オリーブ油を加えてさらに回し、なめらかに仕上げる。レモンジャムは、レモンの皮を140℃のオーブンで40分焼き、ゼラチン状のなった部分だけをミキサーにかける（白い部分は取り除く）。シロップでのばして煮る。

◎ 仕上げ
2種類のソースを器に入れて皿に置き、アナゴと山菜のベニエを盛る。トマトのコンフィ（p80）を添える。

鮎のゆっくり焼き、スイカとパッションフルーツ、夏野菜の薬味添え

"Ayu" cuisson douce, melon d'eau et fruit de la passion

鮎は自分自身が大好きで、シーズンに何十尾と食べるなかで行き着いたのが、
サラマンドルでじっくり焼く今の方法だ。ムニエルもオリーブ油で焼くのも旨いのだが、
この方法だと頭や骨ごと食べられ、鮎の香りが一番引き立つように思う。ソース代わりに添えたのが、
さまざまな野菜をオクラやモズクのねばねばでまとめたもの。この薬味と一緒に食べることで、
鮎の香りも薬味の爽やかも口にとどまってじんわり余韻となる。
鮎の香りに通じるスイカと太陽のイメージのパッションフルーツを添えて、夏らしく仕上げた。

材料[1人分]
鮎……1尾
塩、黒コショウ
薄力粉……少量
オリーブ油……ごく少量
コンディマン
　ズッキーニ、赤ピーマン、
　キュウリ、セロリ、トマト、フヌイユ、
　オクラ、モズク、エシャロット、ディル
　……各適量
　オリーブ油……適量
　シェリーヴィネガー……適量
　塩、黒コショウ

1
鮎に塩、黒コショウをふり、薄力粉を薄くまぶす。
*ヒレの部分もていねいにまぶす。

2
オリーブ油を刷毛で全体に薄くぬる。
*オリーブ油をまとわせることで、焼き色がきれいにつく。

3
網にのせ、サラマンドルに入れる。尾やヒレが焦げやすいので、向きを変えながらじっくり焼く。
*最初は焦げない程度の強火で、途中で火力を落としてじっくり焼くイメージ。頭や骨ごと食べられるよう、15〜20分かけて焼く。

4
コンディマンの材料のうち、赤ピーマン、キュウリ、セロリ、トマト、フヌイユ、エシャロットをサルピコン（5㎜角）に切り揃える。オクラは細かく叩き、ディルは細かくきざむ。

5
ズッキーニを皮付きのまま厚さ5㎜に切り、塩、黒コショウをふる。オリーブ油を引いたフライパンで、香ばしい焼き色をつける。
*中まで完全には火を入れずに触感は残す。

6
ペーパータオルなどで油をふき取り、5㎜角にきざむ。

7
提供直前に材料を合わせる。ボウルに各野菜とモズクを加えてざっと混ぜる。
*「風味の強い野菜は控えめに、でもセロリは多めに」という具合に、味や触感のバランス、好みで野菜の量を調整する。

8
オリーブ油を加えて混ぜてから、塩、黒コショウ、シェリーヴィネガーで味をととのえる。
*オクラやモズクが入ることでねっとり感が出て、口の中の滞在時間が長くなる。個々の素材の味もきわ立つ。

◎**付合せ**
スイカを適宜の大きさに切り、フルール・ド・セルをふる。パッションフルーツは果肉を取り出す。

◎**仕上げ**
皿に鮎とコンディマンを盛り、スイカとパッションフルーツを添える。

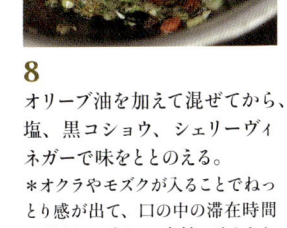

アワビのゆっくり煮の肝ソース、プラムのソテー添え
Oreille de mer étuvée, sauce corail légère, prune sautée

柔らかく煮たアワビのなんともぜいたくな旨さを、自分なりに取り入れた一皿。
1切れはそのまま、もう1切れは片面だけ焼いて磯の香りを引き出し、
それぞれのおいしさを同時に味わってもらう。肝は裏漉ししたら、
エシャロットやニンニク、オリーブ油とバルサミコ酢を加え、濃厚な中に爽やかさをプラス。
これをミキサーにかけてなめらかなソースに仕上げる。
付合せのイチジクのプチプチ感と、つるんとしたアワビの触感の対比も楽しい。

材料［1人分］
アワビ……1個（200g。2〜3人分）
タマネギ ┐
セロリ　 │
エシャロット│ 合計100g
フヌイユ ┘
ブーケ・ガルニ……1束
オリーブ油……ごく少量
肝のソース
　アワビの肝……1個分
　エシャロット（みじん切り）……小さじ1
　ニンニク（みじん切り）……少量
　オリーブ油
　塩、黒コショウ、バルサミコ酢

1
アワビは殻付きで使用。水洗いしておく。

2
タマネギ、セロリ、エシャロット、フヌイユを同じぐらいの太さの棒状に切り揃える。

3
鍋にアワビ、2とブーケ・ガルニを入れて水を注ぐ。弱火にかけ、3時間ほど下ゆでする。
＊殻付きで煮ることで、身が縮むのを防ぐ。わずかに沸くか沸かないかぐらいの火加減でゆっくり煮ていく。

4
アワビが柔らかくなったら火を止め、煮汁に浸けたまましばらくおく。アワビを取り出し、煮汁は漉して軽く煮詰めておく。

5
アワビの殻をはずし、身から肝をはずす。肝を裏漉しする。

6
裏漉しした肝にエシャロット、ニンニク、オリーブ油を入れて混ぜる。塩、黒コショウ、バルサミコ酢で味をととのえ、4の煮汁を小さじ1ほど加える。ミキサーにかけてなめらかにする。

7
アワビを厚めにスライスする。

8
1人あたり2枚用意し、1枚はごく少量のオリーブ油を引いたフライパンで、片面だけ焼く。
＊もう1枚は焼かずに提供する。

◎**付合せ**
黒イチジクを半分に切り、切り口に塩、黒コショウ、グラニュー糖をふる。フライパンを強火にかけ、断面を焦がすように焼きつける。

◎**仕上げ**
皿に肝のソースを敷き、2種類のアワビをのせる。黒イチジクを添える。

オマールと緑大根、トリュフ風味
Homard et radis vert à la truffe

初めて緑ダイコンを食べた時、爽やかな香りと自然な甘さが印象的で、
そのきれいな色も気に入った。とくに、カリッと噛んだ時に感じる味わい——軽いえぐみの
ようなものと青っぽいフレッシュ感が、絶対にオマールに合うと直感した。
緑ダイコンを生かしたいので、薄く切ったダイコンでさっとゆでたオマールをはさみ、
すりおろしたダイコンのソースを添えて……と仕立てはシンプルに。決め手はトリュフ。
その妖艶な風味をプラスすることで、奥行きのある、なんとも大人な前菜に仕上がった。

材料 [1人分]

オマール……1尾
オリーブ油……少量
シェリーヴィネガー……少量
緑ダイコン(輪切り)……6枚
塩、黒コショウ
緑大根のソース
- 緑ダイコン……1/2本
- 赤粒コショウ……ひとつまみ
- タイムの葉……少量
- 塩、黒コショウ
- オリーブ油

1
オマールを湯に入れ、3分半ほどゆでる。

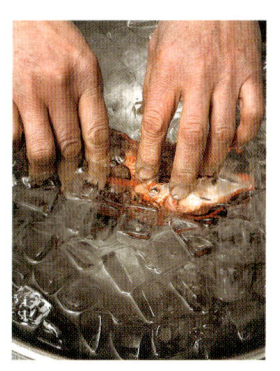

2
氷水に浸けて冷ます。爪の部分だけさらに1分ほどゆでる。

3
オマールの頭を切り落とす。ハサミを使いながら殻をはずし、コライユを取り出す。

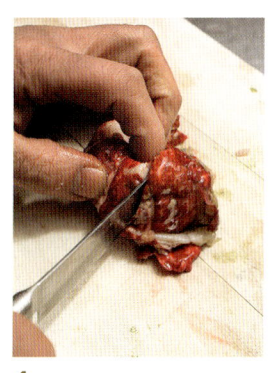

4
身を2〜3等分にする。

5
コライユにオリーブ油とシェリーヴィネガーを加えて混ぜる。ここに4を入れてからませる。

6
緑ダイコンに軽く塩をふり、ごく少量の黒コショウとオリーブ油をからませる。

7
ソース。緑ダイコンをすりおろし、ボウルに移して塩、黒コショウで味をととのえる。赤粒コショウ、タイムの葉、少量のオリーブ油を加えて混ぜる。

◎**仕上げ**
皿に緑ダイコンの薄切りを敷き、ソースをのせる。オマールをのせて緑ダイコンをのせ、ジュリエンヌに切ったトリュフを散らす。

小ホタテ貝のオーブン焼き、パセリにんにく風味、にんじんのカプチーノと季節の野菜添え

Pétoncles à la bourguignonne, cappuccino de carotte

小ホタテ、姫ホタテなどと言われるペトンクルは、ごく薄い殻と凝縮した
貝柱の甘みが特徴。貝類にブルギニョンバターはオーソドックスな組合せだが、そこにアーモンドを
加えるのがミソ。ローストしたアーモンドの香ばしさ、甘み、触感で、ペトンクルの甘さを
いっそう強調するのだ。また、貝柱の周りにだけパラリとふった細かいパン粉も大事なポイント。
イタリア料理でマテ貝やムール貝にそんなふうにしていたのを真似たのだけど、
ペトンクルのジュとブルギニョンバターをパン粉がたっぷり吸って、なんともおいしくなる。
なお、ペトンクルは春先の素材。付合せの季節の野菜とともに、たっぷり味わってもらう。

材料［1人分］

ペトンクル……10個
パン粉*……適量
ブルギニョンバター［作りやすい量］
- パセリ……50g
- エシャロット……30g
- ニンニク……15g
- レモン汁……1個分
- 塩……11g
- バター……450g
- アーモンド（スライス）*……100g
- コニャック……好みで

*パン粉は自家製のパンをフードプロセッサーで細かくしたもの。皮の部分を多めにしている。
*アーモンドは生のスライスを低温のオーブンで30分ほどローストする。冷ましておく。

1
ブルギニョンバターを作る。フードプロセッサーにパセリを入れて細かく粉砕する。エシャロットとニンニクも加え、香りが出てくるまで回す。

2
バターを入れて回し、レモン汁、塩を加えてさらに回す。仕上げにコニャック、アーモンドを加えて軽く回す。

3
ところどころアーモンドの触感を残すため、アーモンドを入れたら混ぜすぎない。取り出してバトン状にまとめ、冷やしておく。

4
ペトンクルは水洗いし、上の殻をはずす。

5
ブルギニョンバターを薄く切ってペトンクルにのせる。パン粉をバターの周りにふる。
*パン粉にペトンクルの余分な水分を吸わせる。

6
サラマンドルに3分ほど入れ、バターを溶かし、あつあつに仕上げる。
*2分経ったところで前後を入れ替える。

◎**付合せ**
ニンジンのスープ。タマネギとセロリの薄切りをスュエし、タイムと輪切りにしたニンジン、牛乳を加えて弱火で10分ほど煮る。塩、黒コショウで味をととのえ、ミキサーにかける。ハンドミキサーで泡立てる。アスパラガス、菜の花、ニンジン、パプリカは固めにゆで、オリーブ油で焼く。

◎**仕上げ**
ペトンクルを並べて輪を作り、その内側にニンジンのスープと野菜を盛る。

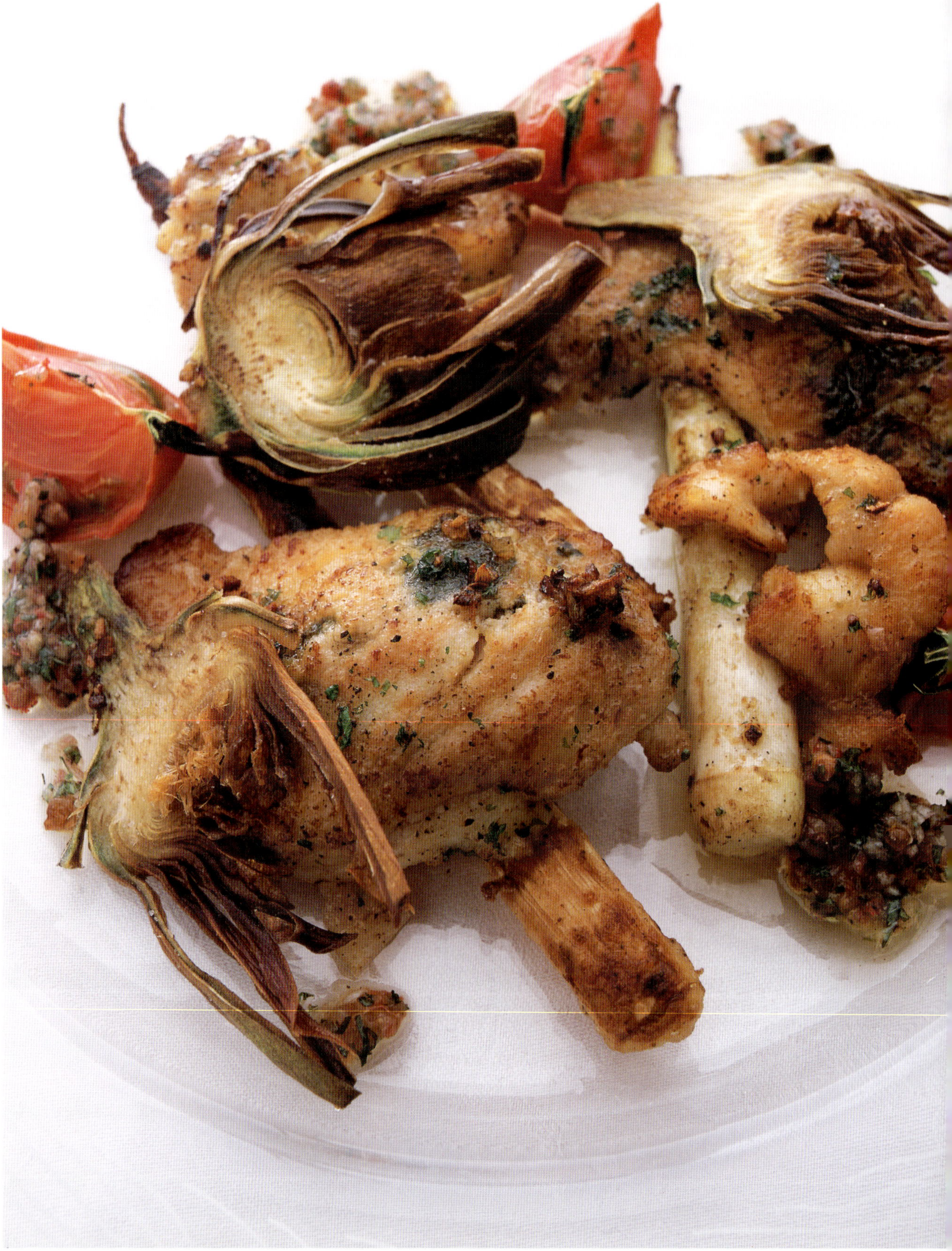

ホッキ貝のムニエル、
山たけのことアーティチョーク添え
"Hokki-gai" meunier, "Yamatakenoko" et artichaut, sauce "Myoga"

福島に住んでいたころは食べたことがなかったが、ホッキ貝は常磐沖で獲れる代表的な貝。
長く余韻が続くほど味が濃く、大きくて身がぷっくり厚いものは、とりわけ甘みが強い。
使い始めた当初、丸ごとどーんと焼こうとするのだけど、どうも固くなってうまくいかない。
横から半分に切って表面を焼きつけるようにしたら、外は香ばしく、中は柔らかく仕上がった。
また、塩をしないで焼くのも、ホッキ貝をふっくら仕上げるポイント。焼く前に塩、コショウをすると、
どうしても身から水が出て固くなりがちなので、僕は粉だけをまぶして焼き、仕上がりに塩をふる。
これはカキを焼くときも同じ。なお、食べごたえのあるホッキ貝には、独特のほろ苦さと香りがある
アーティチョークと山タケノコを添えて。ミョウガやセミドライトマト、ミントなどをきざんだ
爽やかな薬味をソース代わりにして、口の中をリセットしながら食べてもらう。

材料 [1人分]
ホッキ貝……1個
エシャロット、ニンニク、パセリ
　（みじん切り）……各少量
バター……1かけ
山タケノコ……2本
アーティチョーク……3〜4切れ
塩、黒コショウ、薄力粉
オリーブ油、揚げ油

コンディマン
| ミョウガ……2個
| セミドライトマト（自家製）……4切れ
| 赤粒コショウ……ひとつまみ
| エシャロット……少量
| ミント……10枚
| オリーブ油……大さじ1〜2
| クルミ油……少量
| シェリーヴィネガー……適量
| 塩、黒コショウ

1
ホッキ貝の殻を開け、身をはずす。
＊ホッキ貝は大きくて身が厚いものを選ぶ。殻を開けた時に出たジュは取りおく。

2
身から貝柱とひもをはずす。水管を切り落とし、ひもの黒い部分や貝柱の固いところなどを取り除いて掃除する。

3
水気をふき、身は横から半分に切る。

4
薄力粉をまぶし、余分をはたき落とす。ひもも同様に粉をまぶす。
＊塩、コショウはしない。

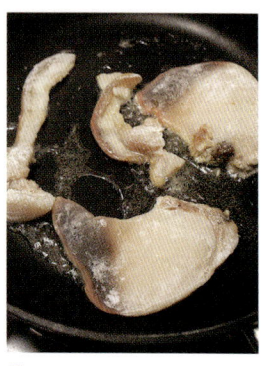

5
フライパンにオリーブ油を強火で熱し、ホッキ貝の身とひもを入れる。ひもにはすぐ火が入るのでいったん取り出す。
＊中まで火を入れず、表面だけ焼きつけるイメージ。もたもたしていると水が出て固くなってしまう。

6
香ばしく焼き色がついたら裏返し、ひもを戻す。ニンニク、エシャロット、バターを加えてからめ、塩、黒コショウで味をととのえる。パセリを加えてざっと混ぜる。
＊火が入りすぎないよう、フライパンを火からはずしてから調味する。

7
山タケノコの皮をむき、塩、黒コショウをふって薄力粉をまぶす。

8
オリーブ油を引いたフライパンに入れ、弱めの火加減でじっくり焼く。

9
アーティチョークの先端を切り落とし、付け根の固い皮をぐるりとむく。

10
縦に厚さ5mmにスライスし、薄力粉をまぶして余分をはたき落とす。

11
中温の油で香ばしく揚げる。ペーパータオルなどにとって油をきり、塩をふる。

12
コンディマンを作る。ミョウガ、セミドライトマト、エシャロット、ミントをみじん切りにし、赤粒コショウを軽くつぶす。これらをボウルに入れて混ぜる。

◎ 仕上げ
皿に山タケノコ、ホッキ貝、アーティチョークを盛る。トマトのコンフィを添える。ホッキ貝の焼き汁を少したらし、コンディマンをところどころに盛る。

13
オリーブ油とクルミ油を加えてよく混ぜる。塩、黒コショウで味をととのえ、仕上げにシェリーヴィネガーを加える。

白子とトリュフのパイ包み焼き
Laitance de morue et truffe en feuilleté

白子とトリュフのパイ包み焼き
Laitance de morue et truffe en feuilleté

　　　　白子はオーブンのころから使っている素材。なんといっても、白子の旨さはそのミルキーさ。
　　　　　　ムニエルにしたりタルトにしたり、いずれにしても、こんがり焼いて、
　　表面の香ばしさと中のとろりとした柔らかさのコントラストを楽しむのが定番の仕立て方。
　　このパイ包み焼きは、常連のお客さんに「オードブルもメインもフイユテを使った料理を」
　　　　　とリクエストされ、実はかなり追い詰められた状況で作ったもの。
　　　　　　　頭も手もフル回転させてなんとか作り上げた記憶がある。
　　　　　　白子に合わせたのは、フォワグラのテリーヌと厚切りのトリュフ。
　　白子はオリーブ油でさっと表面を焼き固めてから半分にカットし、これらをサンドする。
　　　　　　ちょうどいい厚さにのばしたパイ生地で包み、オーブンへ。
　　ナイフを入れた時に立ちのぼるなんともいえない香りは、パイ包みならではのぜいたく感。
　　　　　　フォワグラもトリュフもこのぐらいの存在感がなければ。
　　　　　食べると「フランス料理っていいなぁ」としみじみ思う料理である。

材料[1人分]
白子(真ダラ)……50g
塩、黒コショウ、薄力粉
オリーブ油
フォワグラのテリーヌ(p67)……1切れ
黒トリュフ……10g
パート・フイユテ(12cm角・p67)……1枚

1
白子をねじって丸く形を整え、塩、黒コショウをふる。刷毛で薄力粉を薄くまぶす。

2
フライパンにオリーブ油を引き、白子の表面をさっと焼く。冷蔵庫で冷やす。
＊表面を焼くことで、パイ生地で包んだ時に水分が出るのを防ぐ。

3
白子の大きさに合わせてフォワグラのテリーヌを切り分ける。

4
白子を横から半分に切る。フォワグラのテリーヌと厚めに切ったトリュフをのせ、はさむ。

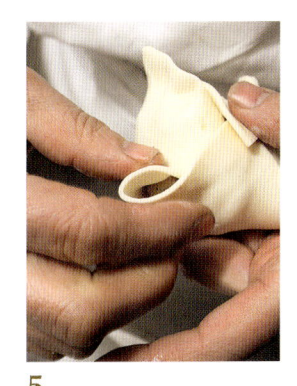

5
パート・フイユテに4をのせ、四隅を集めて包む。

6
生地の綴じ目を下にし、形を丸く整える。一度冷蔵庫で生地を締め、表面に薄く溶き卵(分量外)をぬる。230℃のオーブンで12分ほど焼く。

◎ ソース
冷凍のベリー(フランボワーズ、ブルーベリー、黒イチジクなど)をきざんで、グラニュー糖をからませてから鍋に入れる。シェリーヴィネガーを加えて火にかけ、ジャムの要領で煮る。軽く塩、黒コショウをし、冷ましてからマスタードを加える。

◎ 仕上げ
皿にパイ包み焼きとソースを盛る。ソース・ヴィネグレットであえたハーブのサラダを添える。

◎ パート・フイユテ

材料 [作りやすい量]
薄力粉、強力粉……各400g
バター(細かくきざむ)……60g
水……360cc
白ワインヴィネガー……20cc
バター(折り込み用)……600g

1 バター、水、白ワインヴィネガーを合わせておく。
2 フード・プロセッサーに1と薄力粉を入れ、5秒ほど回して粉砕する。ボウルにあけ、手で押さえるようにしてひとまとめにする(練らないこと)。表面に十字に切り込みを入れ、ビニールに入れて1時間以上冷蔵庫で休ませる。
3 充分冷やしておいた折り込み用のバターを麺棒で叩き、手で水を絞る。乾いたサラシに包み、麺棒で形を整える。
4 台に打ち粉をふり、2の生地を叩きのばして3のバターをのせ、包む。
5 麺棒で縦に生地をのばす(長さは生地の幅の3倍が目安)。生地の手前と向こうから¼ずつ折り、それを90度向きを変えて縦にのばす。手前と向こうから今度は三つ折りにする。冷蔵庫で充分休ませる。
6 5の作業を2回行い、そのたびに冷蔵庫で休ませる。用途に合わせて分割してビニールで包み、冷凍保存する。

◎ フォワグラのテリーヌ 
フォワグラの塊に塩、黒コショウをし、ポルトとコニャックで一晩マリネする(真空パックにする)。微沸騰を保ったお湯に入れ、ギリギリ中まで火が入るぐらいまで温める。パックから取り出して網にのせ、油をきる。テリーヌ型にフォワグラ→クルミのローストとベリーのソース(左囲み参照)を煮詰めたもの→フォワグラ→クルミとベリーのソース→フォワグラの順に詰める。軽くあたためてフォワグラが柔らかくなったらふたをして冷蔵庫で冷やす。

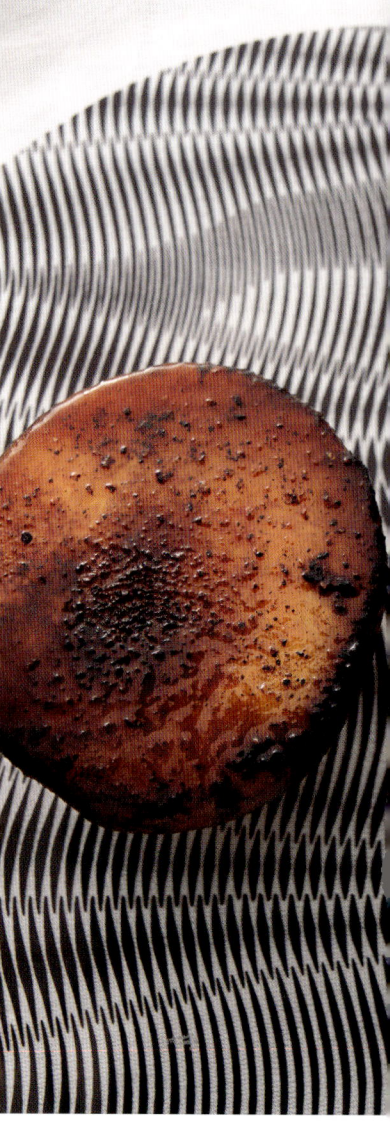

1
ソースを作る。八角を粗めにきざむ。黒コショウは肉叩きで粗くつぶす。
＊口に入れた時に八角と黒コショウの風味がそれぞれ感じられるように、どちらもあまり細かくしない。

2
鍋にソースのベースとグラス・ド・カナール、ハチミツを入れて火にかけ、半分ほど煮詰まったら、シェリーヴィネガーをひとふりする。

3
鍋を火からはずし、八角、黒コショウを加える。
＊八角とコショウの香りが混ざらないように、そして苦みが出ないようにスパイスは火を止めてから加える。

4
フォワグラに塩、黒コショウをふり、両面を香ばしく焼く。

フォワグラとイチゴのソテー、エピス風味
Foie gras sauté à la sauce épicée, fraises

フォワグラと桃のソテー、エピス風味
Foie gras sauté à la sauce épicée, pêche

フォワグラとフルーツの組合せは定番で、
この2品以外にも季節ごとにフルーツを変えながら提供している。
焼いたフルーツのもったりした甘みや熟した香りはフォワグラと相性がよいが、
必ずどこかにフレッシュな部分を残すことがポイント。
なお、フォワグラにひとぬりしたソースには、八角と黒コショウの
エキゾチックな香りを効かせている。口の中で
それぞれの個性が感じられるよう、スパイスは粗めにきざんでいる。

いちごのソテー［1人分］
フォワグラ……60g
イチゴ……2粒
グラニュー糖、塩、黒コショウ……各適量
ソース［作りやすい量］
　ソースのベース*……70〜80cc
　グラス・ド・カナール……小さじ1
　ハチミツ……小さじ2
　シェリーヴィネガー……小量
　八角……1/2個
　黒粒コショウ……約20〜30粒
＊イチゴは「清香」を使用。大ぶりで、甘みだけ
でなく酸味もあるタイプを選ぶ。
＊ソースはp47参照。

桃のソテー［1人分］
フォワグラ……60g
桃*……1/2個
グラニュー糖、塩、黒コショウ……各適量
＊桃は「あかつき」を使用。形を残すため、柔らかすぎないものを選ぶ。
＊ソースは左記参照のこと。

5
フォワグラをフライパンから取り出し、上面にソースをぬる。

6
イチゴの場合は、ヘタをつけたまま縦に半分に切る。1切れを残して切り口に塩、黒コショウ、グラニュー糖をふる。
＊グラニュー糖は香ばしい色をつけるため。

7
フライパンに少量のオリーブ油を引き、イチゴの切り口を下にしてカラメリゼする。
＊焼くのは切り口だけ。

8
桃の場合は、全体にグラニュー糖、塩、黒コショウをふる。オリーブ油を引いたフライパンで、しっかりカラメリゼするように両面を焼く。

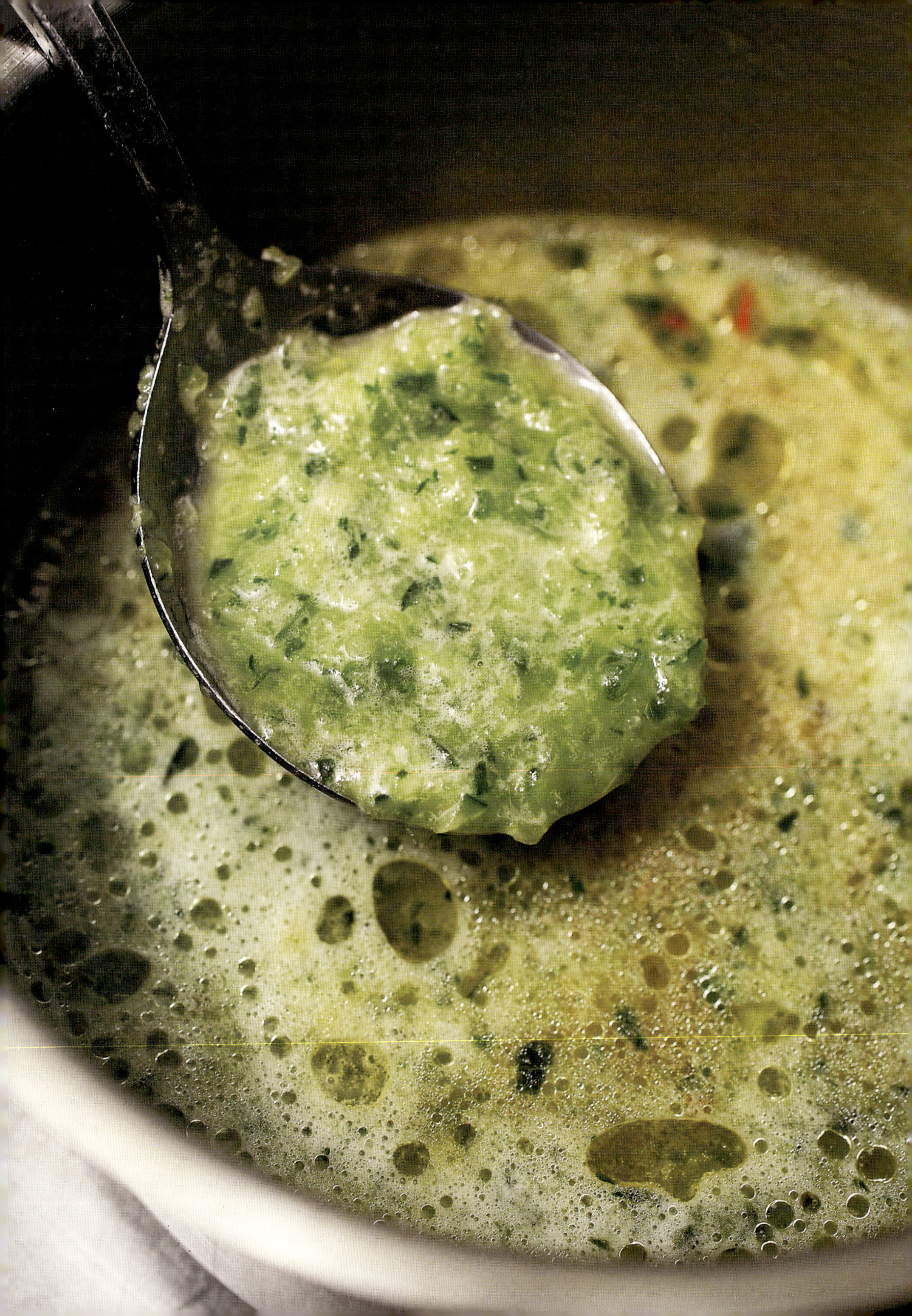

Poissons
魚料理

寒びらめのポワレ、キャベツソース
Barbue poêlée, sauce aux chou

脂ののった寒ビラメを、早春の甘く、力強いキャベツと味わう一皿。
なによりもキャベツそのもののおいしさが大切で、渥美半島でこだわって育てられる
キャベツがなければ作らない。香りが強い外側の葉でソースを作り、
甘い芯のほうはシンプルにゆでて付合せにし、口いっぱいにキャベツを感じてもらう。
なお、ヒラメに限らず、魚にはコショウではなくカイエンヌペッパーを使う。
口にした瞬間ピリッと辛く、スッと消える後味は、魚料理に向いていると思う。

材料[1人分]

ヒラメ（皮付き）……1切れ（80g）
塩、カイエンヌペッパー、薄力粉
ジャガイモ（すりおろす）……½個
薄力粉、塩、白コショウ
オリーブ油
キャベツ……1個*

ソースのベース[約15人分]
┌ エシャロット（みじん切り）……1個
│ ニンニク（みじん切り）……大さじ1
│ ジュ・ド・ヴォライユ……600cc
│ フュメ・ド・ポワソン……500cc
└ サフラン……ひとつまみ

┌ バター……7〜8かけ
└ オリーブ油、塩

ソースの仕上げ
┌ ソースのベース……60cc
│ エシャロット（みじん切り）……少量
└ キャベツのピュレ……大さじ2
塩、黒コショウ
トリュフ（みじん切り）
オリーブ油
ちりめんキャベツ、オリーブ油
*キャベツは付合せにする分も含む。

1
ソースのベースを作る。鍋にジュ・ド・ヴォライユにジュ・ド・ポワソンを入れる。
*フュメ・ド・ポワソンとフォン・ド・ヴォライユを合わせることで、魚の風味を和らげる。合わせることで出てくる旨みもある。

2
1を火にかけ、エシャロット、ニンニク、サフラン、バター、オリーブ油を加えてゆっくりミジョテする。途中で塩を加え、味が出るまで煮る。ベースの完成。
*バターとオリーブ油を加えることで味にコクと深みを出す。

3
キャベツを半分に切り、芯の部分をはずす。固い葉と柔らかい葉を分けるように、おおまかに葉をばらす。水で洗い、ザルにあけておく。

4
鍋に水と塩、3ではずしたキャベツの芯を入れて沸かす。
*芯も一緒にゆでることで、ゆで汁に風味を移す。

5
外側の葉を入れ、芯に近い部分が柔らかくなるまで2分半〜3分ゆでる。

6
葉を取り出して氷水にとり、急冷する。

7
冷えたらすぐにザルにあけ、水気を拭きとる。同様に内側の柔らかい葉もゆでて氷水にとる。ゆで汁は捨てずに冷ましておく。
*内側の葉の一部を付合せ用にとりおく。

8
キャベツの外側の葉と内側の葉をミキサーに入れ、2のソースのベースと7のゆで汁を加える。
*ゆでたキャベツ180gに対してベースとゆで汁の量は80〜100ccが目安（味をみて加減する）。

9
少しずつミキサーを回す。写真のようにキャベツのつぶつぶ感は残す。

10
ヒラメに塩とカイエンヌペッパーをふり、皮にだけ粉をまぶす。余分な粉をはたき落とす。
＊塩は身の厚さによって加減する。

11
ジャガイモをすりおろし、ごく少量の薄力粉、塩、白コショウを加えて混ぜる。これをヒラメの皮にできるだけ薄くぬる。

12
フライパンにオリーブ油を引き、火にかけたらすぐにヒラメを入れて中火でじっくり焼く。
＊熱した鍋にヒラメを入れると身が反るので、温度が低いうちに入れる。

13
皮に焼き色がついたら裏返す。身の方に火が入りすぎないよう、すぐに鍋を火からはずす。
＊身はさっと温めるだけにする。

14
ソースの仕上げ。**2**のソースのベースとエシャロットを煮詰める。**9**のキャベツのピュレを加え、軽く温める。

15
付合せ。チリメンキャベツを2×8cmに切り、オリーブ油で揚げる。

16
8でとりおいたキャベツを温めなおし、塩、黒コショウ、オリーブ油でのばしたトリュフ、オリーブ油をからめて味をととのえる。

◎仕上げ
皿にキャベツソースを流し、ヒラメのポワレをのせる。その上に付合せのキャベツを軽く丸めてのせ、ちりめんキャベツのフリテュールを添える。

甘鯛のうろここんがり焼き、キュウリソース
"Amadai" cuit avec ses écailles craquantes sauce concombre

甘鯛のうろここんがり焼き、キュウリソース
"Amadai" cuit avec ses écaille craquantes sauce concombre

アマダイを日本料理ではどう料理するか。
知っていたはずなんだけど、追われていて気づかなかったのか、使い始めた頃は
ウロコをはずして料理していた。ある時、忙しくてウロコを取る時間がない。
ほとんど勢いでウロコをつけたまま焼いたら、なんともいい感じに焼き上がって、
ようやく「和食でもこうしていた」と気づいた。それからは"若狭焼き"にならって、アマダイにはひと塩をして
旨みを引き出し、ウロコを立てて、そのサクサク感と香ばしさを重視して仕上げるようになった。
ウロコをきれいに立てるためにも、アマダイは本釣に限る。
アマダイにはキャベツソース（p72）も合うが、このキュウリのソースも旨い。
キュウリは板ずり、というよりは"板つぶし"のように上から手でつぶして塩をなじませ、
それを粗くミキサーにかけたピュレと魚のベースを合わせてソースにする。
付合せにしたキュウリとタマネギのリズミカルな触感と、アマダイの対比も楽しい。

材料 [1人分]

アマダイ（フィレ）……1枚（60g）
塩、オリーブ油
キュウリソース
　キュウリのピュレ [作りやすい量]
　　キュウリ……1本
　　サフランソース*……大さじ3〜4
　　エシャロット（みじん切り）……少量
　サフランソース*……100cc

キュウリ……1本
黒コショウ、オリーブ油、ゴマ油
タマネギのエテュベ
　タマネギ
　タイム
　オリーブ油
　水、粗塩

＊サフランソースはp72「寒びらめのポワレ、キャベツソース」参照。

1
キュウリ2本（ソース用、付合せ用）にたっぷり塩（分量外）をふり、手のひらで上からぐっと押さえてつぶす。

2
しばらくおいてしんなりさせる。
＊1本はソースに、もう1本は付合せにする。

3
ミキサーにサフランソースとエシャロット、ソース用のキュウリを手でちぎって入れ、少しずつ回す。

4
写真のように、少しキュウリのつぶつぶ感が残っている段階で止めてピュレとする。

5
サフランソースを温め、キュウリのピュレを加えて混ぜ合わせる。キュウリソースの完成。
＊1人分はサフランソース100ccに対してキュウリのピュレ大さじ2ぐらいが目安。

6
アマダイに塩をふり、1時間ほどおく。
＊日本料理でいう"ひと塩"をすることで旨みが深くなる。

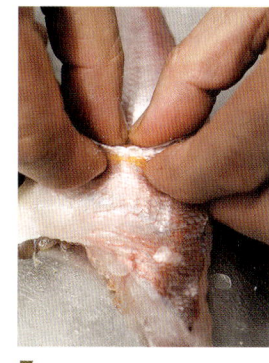

7
ウロコを逆なでるようにつまんで一枚ずつ立たせる。
＊ウロコを立たせることで、焼いた時にサクサク感が出る。

8
フライパンにオリーブ油を多めに引き、火にかける。アマダイをウロコを下にして入れ、弱火でじっくり焼いていく。
＊油を多めに引くことで、立たせたウロコの中まで火が入りやすくなる。

9
ウロコが香ばしくサクサクになったら裏返し、身のほうはさっと焼く。
＊裏返したらフライパンを火からはずして、身をふんわり柔らかく仕上げる。

10
付合せ。付合せ用のキュウリを大きめにちぎり、黒コショウ、オリーブ油、ごく少量のゴマ油であえる。

11
鍋にタマネギの鱗片をばらしたもの、タイム、オリーブ油、少量の水、粗塩を入れて中火にかける。
＊タマネギは1枚ずつ厚みがあるものを使う。

12
タマネギに火が入るか入らないかぐらいで火からおろし、煮汁ごとボウルに移す。氷水にあてて静かに混ぜながら冷ます。
＊シャキッとした触感は残す。冷えて煮汁は乳化する。

◎**付合せ**
大葉ジソを油で揚げる。エダマメはゆでる。

◎**仕上げ**
皿にキュウリソースを敷き、アマダイをのせる。付合せのキュウリ、タマネギ、大葉ジソ、エダマメを添える。

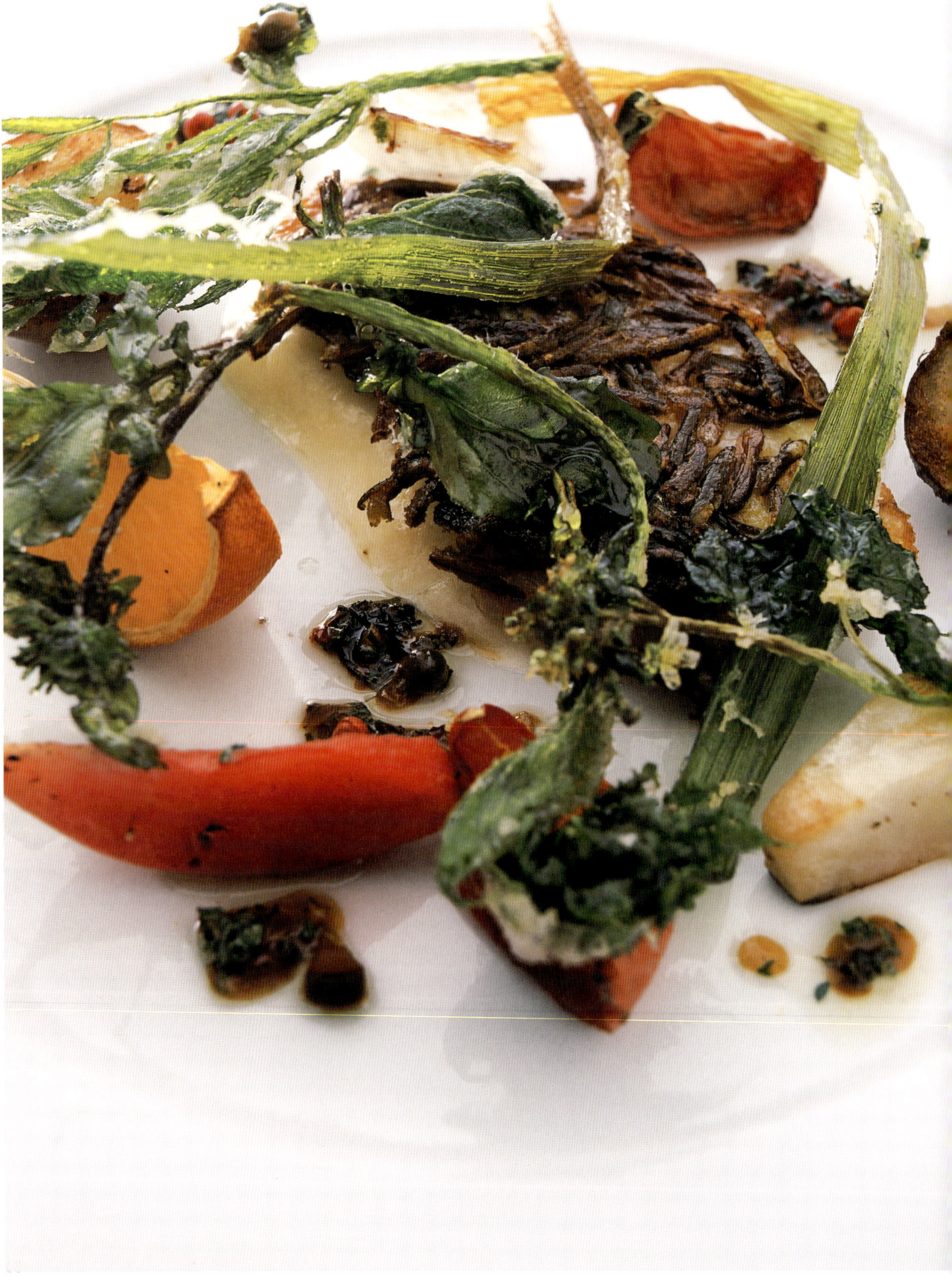

イサキのワイルドライス焼き、エキゾチックソース
Filet de "Isaki" aux écailles du riz sauvage, sauce 'paradis'

イサキは思い入れのある魚のひとつ。「レザンドール」のシェフだった時、
そのころ親しくなった北島素幸さんにもらったイサキが本当にすばらしくて、
いつか自分の店を持ったらこんな魚が使えるようになりたいと思ったことを覚えている。
イサキの魅力はその味の強さ。1キロ超えにもなれば、小さいものとはまったく違う。
その力強さをもっとも感じられるのが、皮と身の間の部分。
ワイルドライスを貼り付けたのも、皮を食べてもらうことでイサキのおいしさを
余すことなく味わってほしいと思ったから。香ばしく焼き上がった
ワイルドライスの香りとプチプチした触感は、イサキの味をいっそう強調してくれる。
なお、ケイパーや赤コショウ、オリーブなどで作る薬味的なソースは、
さながら田舎のニンニク味噌のイメージ。イサキはこんなパンチのあるソースにも負けない。

材料 [1人分]
イサキ……1切れ（80g）
塩、カイエンヌペッパー
ワイルドライス*……5g
オリーブ油
ソース
 オリーブ油……大さじ2
 ニンニク（みじん切り）……大さじ1
 エシャロット（みじん切り）……大さじ1
 シェリーヴィネガー……大さじ1（好みで）
 ソースのベース*……大さじ1〜2
 ケイパー（酢漬け）……小さじ2
 赤粒コショウ……ひとつまみ
 黒オリーブ（みじん切り）……6粒
 パセリ（みじん切り）……小さじ1
 塩

*ワイルドライスはイネ科のアメリカマコモの種子。プチプチした触感が特徴。
*ソースのベースはp47参照。

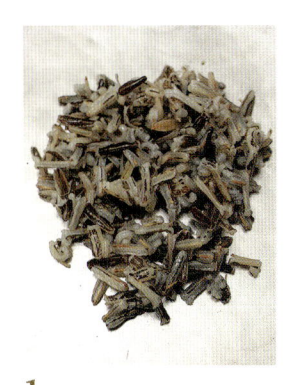

1
ワイルドライスを皮がはじけるまで20分ほどゆでる。ザルなどにあけて冷ましておく。

2
イサキに塩とカイエンヌペッパーをふる。

3
皮目にワイルドライスをのせ、軽く押さえて貼りつける。

4
フライパンにオリーブ油を引き、冷たいうちにイサキをワイルドライスの面を下にして入れる。
*火が強いと身が反ってワイルドライスがこぼれ落ちてしまうので、火加減は弱火で。

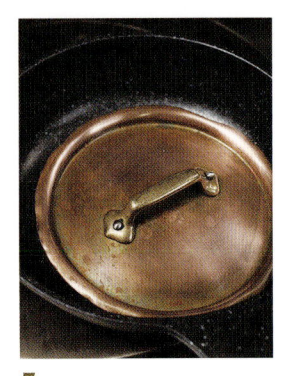

5
小さめの鍋のふたなどをのせ、自然な重みをかけて身が反るのを防ぐ。
＊魚にくっつかないよう、ふたにはオリーブ油を薄くぬっておく。

6
6割ぐらい焼けたら身は反らないので、ふたをはずす。余分な油が出たら軽くふきとる。

7
8〜9割がた火が入ったところで裏返し、身のほうにさっと火をあてたら取り出す。
＊ワイルドライスがカリカリと香ばしくなるまでじっくり焼く（13〜14分かかる）。

8
ソースを作る。鍋にオリーブ油を多めに入れ、ニンニクとエシャロットを加えて弱火にかける。
＊沸くか沸かないかという火加減で、ゆっくり味を引き出していく。

9
ニンニクの甘い香りがしてきたらシェリーヴィネガーを加え、なじませる。温めたソースのベースを加える。

10
鍋を火からはずしてケイパー、赤粒コショウ、黒オリーブ、パセリを加えて混ぜる。軽く塩で味をととのえる。
＊風味が混ざってしまうので、これらを加えたら加熱しないこと。

◎付合せ

ジャガイモとサトイモを皮付きで蒸し、食べやすい大きさにきる。塩、コショウをふってオリーブ油でじっくり焼く。トマトのコンフィはトマトを6等分にし、粗塩とタイムをふって低温（140℃）のオーブンで乾燥させるように焼く（写真のようにアルミ箔で溝を作り、その上にのせると水分でトマトがべちゃっとならない）。野カンゾウ、コシアブラ、コゴミはベニエの衣（p53）を薄くつけて揚げる。赤カブの酢漬けと根セロリを弱火でじっくり焼く。

◎仕上げ

皿にイサキと付合せを盛る。ソースを何カ所かに添える。

サーモンの瞬間燻製こんがり焼き、いろいろな味覚で
Saumon fumé poêlé, ses condiments

サーモンの瞬間燻製こんがり焼き、いろいろな味覚で
Saumon fumé poêlé, ses condiments

結局、自分は焼き魚が好きなんだと思う。サーモンの燻製だけでも充分料理として
成り立つのだけど、どうしてもそこにこんがり焼いた香ばしさを欲してしまう。
ではなぜ燻製にかけるのかといえば、ひとつは水分をとばして味を凝縮させるため。
もうひとつは、僕の中でこの燻製は西京焼きや粕漬けのイメージというか、
燻製にすることで魚に風味を与えつつ旨みを凝縮させ、それを香ばしく焼き上げる
……これが自分にとってはたまらなく旨いのだ。焼く時は、塩、コショウ以外に
砂糖もふって周りをカリカリに。中はティエドに仕上げてサーモンのねっとり感を強調する。
なお、ここに添えたソースやジャム、野菜はトッピングみたいなもの。
いろいろな味をつまみ食いしながらサーモンのまた違う味を感じてもらえたらいい。

材料 [作りやすい量]

サーモン（タスマニア）……1尾（3.5〜4kg）
ディル（生）……4束
タイム（生）……1束分
フヌイユ（葉の部分）……あれば
塩、グラニュー糖、黒コショウ
桜のチップ

サーモンリエット [20人分]
| 鮭（尾のほう）……300g
| タプナード*……大さじ3〜4
| 焼きナス*……3本
| グラニュー糖……大さじ2
| 黒コショウ
| ニンニク（みじん切り）、オリーブ油
| パセリ（みじん切り）……ひとつまみ

*タプナードはp87参照。ムーランで漉す。
*焼きナスは縦に半分に切り、粗塩とオリーブ油をふり、140℃のオーブンで皮を焦がさないように30分焼く。実はスプーンでこそげ出し、皮は細かくきざむ。

1 サーモンが入る大きさのバットに塩、グラニュー糖、黒コショウを多めにふる。

2 ディル、タイム、フヌイユを手でちぎりながら散らす。
*軸を手で裂いて香りを出す。

3 サーモンを皮目を下にしてバットにおく。1と同様に塩、グラニュー糖、黒コショウをふる。
*身の厚いところは多めに、薄いところは少なめに。甘塩より少ししっかりめに味をつける。

4 ディル、タイム、フヌイユをちぎりながら散らす。

5
ラップ紙をかぶせ、冷蔵庫で5〜6時間マリネする。

6
6時間後の状態。身が締まり、色は鮮やかになる。

7
ハーブ類を取り除き、余分な水分をふきとる。1時間ほどおいて表面を乾かす。
＊身を傷つけないよう、頭から尾に向かってふきとる。表面を乾かすのは燻香をつきやすくするため。

8
桜のチップをアルミ箔で包み、バーナーであぶって煙を立てる。
＊蒸し器の下段に入れる。

9
蒸し器の上段に**7**のサーモンを入れ、ふたをして2分ほど燻製にかける。裏返してさらに2分かけ、蒸し器から取り出し、しばらくおいて燻香を落ち着かせる。

10
1人分の量（90g）を切り分け、両面にグラニュー糖、黒コショウをふる。
＊グラニュー糖をふるのは表面にまんべんなく焼き色をつけるため。

11
フライパンにオリーブ油を引き、サーモンを皮目から入れる。表面を香ばしく焼く。油は随時ふきとる。
＊中まで火は入れない。

12
サーモンのリエットを作る。サーモンの尾のほうをきざんで鍋に入れ、弱火で2時間ぐらいほぐしながらフレーク状にする。

13
焼きナスを加えて混ぜる（皮も少し加える）。タプナードを加えてグラニュー糖を入れ、黒コショウを多めに挽いて混ぜる。

14
ニンニクをコンフィの要領でオリーブ油で煮る。香ばしさが出たら**13**に加えて混ぜ、パセリのみじん切りも加える。

◎ソース
トマトジャムはカリフラワーのムース（p23）でジュをとったあとのトマトを使用。鍋にこのトマト、塩、グラニュー糖（多めに）、水、あらたなトマトを入れ、レモンの搾り汁とその皮も入れて煮詰める。レモンジャムとソース・ヴェルトはp53参照。

◎付合せ
ネギを固めにゆで、叩いてからエシャロットのみじん切り、オリーブ油、シェリーヴィネガー、塩、コショウで味をととのえる。紅芯ダイコン、赤カブなどカブ類はオリーブ油、水、粗塩で煮る。

◎仕上げ
ポワレしたサーモンを皿に盛り、サーモンのリエットをクネル型にまとめてのせる。ソースと付合せの野菜、イチゴを添える。

まながつおのジャガイモ包み焼き、エシャロットパセリソース、根菜のフリット添え
"Managatsuo" en robe de pomme de terre sauté à la sauce aux échalottes et aux persils

店をオープンした当初、毎日築地に通う中で知った魚のひとつがマナガツオ。普通の白身魚とは違う身質。つやがあって、どこかいぶし銀的。とぼけた顔をしているんだけど、奥深い味がある。当時フランス料理で使っている人はほとんどいなくて、そのどこか品のよい持ち味をどうやって引き出そうか、と作ったのがこの料理。マナガツオは2.8kgぐらいになると味ののり方が違う。カリッと焼いたジャガイモにまで旨さを感じさせてくれる。ソースは、エシャロットとパセリのバターソース。今ではバターをほとんど使わなくなったけど、マナガツオにはバターの香りが合う。

材料 [1人分]

マナガツオ……1切れ（60g）
塩、カイエンヌペッパー
ジャガイモ……¼個分
澄ましバター……少量
ニンニク（みじん切り）……少量
塩、黒コショウ
オリーブ油
ソース
- バター……4〜5かけ
- エシャロット（みじん切り）……小さじ2
- パセリ（みじん切り）……ひとつまみ
- レモン汁……適量

1
マナガツオを3枚におろし、皮を引く。塩を多めにふって2〜3時間おく。
＊日本料理でいう「ひと塩」をし、余分な水分を抜いてくさみを抜く。

2
ジャガイモを細めの棒状に切り揃える。澄ましバター、塩、黒コショウ、少量のニンニクのみじん切りを加えてからめる。
＊切ったジャガイモは水洗いしない。でんぷんによってマナガツオに密着させる。

3
マナガツオを1人分に切り出し、塩、カイエンヌペッパーをふる。

4
2のジャガイモをのせて整える。

5
フライパンにオリーブ油を引き、中火にかける。ジャガイモの面からじっくり焼く。

6
ジャガイモに火が入り、香ばしく焼き色がついたら裏返す。身のほうはあまり火を入れずに仕上げる。

7
ソース。鍋にバター、エシャロット、パセリを入れて温め、仕上げにレモン汁を加える。
＊パセリは粗めにきざんで風味を強調する。

◎**付合せ**
アスパラガス、レンコン、ゴボウ、赤ピーマンを薄切りにし、それぞれ素揚げにする。フキノトウも素揚げにする。

◎**仕上げ**
皿にマナガツオを盛り、周りにソースを流す。付合せの揚げた野菜を添える。

カマスのポワレ、キャビア・ドーベルジーヌ
Filet de "Kamasu" poêlé à la crème aux herbes sur caviar d'aubergine

カマスとの出会いは小田原。それまで干もののイメージで、鯛よりも高い値段に
「なぜ？」と半信半疑だったのだけど、食べてみたら目からウロコが落ちるほど旨かった。
さっそく翌日取り寄せて食べ続けていると、イワシに通じるような味の濃さと品のいい
旨みの余韻が口にずっと残る。まさに僕の好きなタイプの魚ではないか。
カマスはしっかり尾まで太い、300gアップが旨い。フヌイユの香りをまとわせて
こんがり焼き上げる。キャビア・ドーベルジーヌとがっぷり四つで味わう一皿。

材料 [1人分]

カマス (半身) …… 1枚
塩、グラニュー糖、フヌイユ
オリーブ油
キャビア・ドーベルジーヌ
　米ナス …… 1本
　粗塩、タイム …… 各少量
　タプナード* …… 大さじ3
　トマトのクーリ …… 大さじ2〜3
　水 …… 約100cc
　パセリ (みじん切り) …… ひとつまみ
　レモン汁 …… 少量
　塩、黒コショウ

生クリーム …… 適量
塩、カイエンヌペッパー
シブレット、レモン汁 …… 各適量

*タプナードの材料は黒オリーブ (塩漬け) 40粒、ニンニク (みじん切り) 小さじ1、アンチョビー2枚、バジルオイル小さじ1、オリーブ油。

1
ナスのソースを作る。米ナスを縦に切り、切り口に切り込みを入れる。粗塩とタイムをふり、180℃のオーブンで果肉が柔らかくなるまで20分ほど焼く。

2
皮をむき、この皮とタイムも一緒に包丁で刃叩きする。
*つぶつぶ感を残すように少し粗めに叩く。

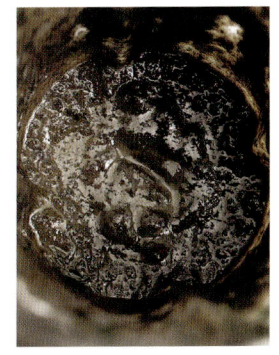

3
黒オリーブ、ニンニク、アンチョビー、バジルオイル、オリーブ油をミキサーにかけてタプナードを作る。

4
2に3のタプナード、トマトのクーリを加え、水を加えて混ぜる。パセリを加え、塩、黒コショウ、レモン汁で味をととのえる。

5
カマスは皮目にだけ塩と少量のグラニュー糖をふる。フヌイユの葉をちぎり、まんべんなくのせる。

6
フライパンにオリーブ油を引き、冷たいうちにカマスを皮目を下にして入れ、弱火でじっくり焼く。

7
余分な油が出たら軽くふきとる。8割がた火が入ったところで裏返し、身にさっと火をあてたら取り出す。

8
生クリームを氷水にあてながら泡立てる。塩とカイエンヌペッパーで味をととのえ、みじん切りにしたシブレットとレモン汁を加え混ぜる。

◎ **付合せ**
フヌイユの茎を適宜に切り、薄力粉をまぶして油で揚げる。フヌイユの葉を散らす。

◎ **仕上げ**
皿にソースを敷き、カマスをのせる。泡立てた生クリームをのせ、揚げたフヌイユを散らす。

サワラのミ・キュイ、ビーツのヴィネグレット
Mi-cuit de "Sawara", vinaigrette de betterave

僕が好んで使う魚の中でも、サワラはとりわけサービスマン泣かせだと自覚している。
「あえてレストランで頼む?」と聞かれるとその通りなのだが、山形・庄内の一本釣りの
サワラを食べればわかる。僕のサワラのイメージが一変した。
身のほわっとした触感を強調するため、皮をはずし、直火でなくサラマンドルでじわっと
加熱するのがコツ。中は半生に仕上げ、脂ののったねっとり感も味わってもらう。
甘酸っぱく煮た赤いビーツと、香りと触感が独特の赤い万願寺トウガラシを添えて。

材料 [1人分]

サワラ……1切れ(80g)
塩、粗塩、オリーブ油
万願寺トウガラシの薬味 [4人分]
　万願寺トウガラシ……8本
　エシャロット(みじん切り)……大さじ1
　ニンニク(みじん切り)……少量
　塩、一味トウガラシ、オリーブ油
ビーツのヴィネグレット [12人分]
　ビーツ……1個
　白ワインヴィネガー……200cc
　水……50～100cc
　グラニュー糖……大さじ2～3
　粗塩……少量
　3種のマスタード*……大さじ1
　赤ワインヴィネガー……大さじ1
　シェリーヴィネガー……大さじ1
　塩
　オリーブ油、クルミ油
　エストラゴン(みじん切り)
＊粒マスタード、ディジョンマスタード、マスタードシードの3種類を使用。

秋以降、山形から入るものを使用。脂がのったサワラはほろりとした柔らかさと同時にねっとり感も持つ。

1
サワラの切り身の皮をはずし、全体に軽く塩をふる。表面にだけオリーブ油をぬり、粗塩をのせる。

2
サラマンドルに入れ、向きを変えながら10分ほど焼く。
＊粗塩がとけて身にじわっと味が入る。中は半生に仕上げる。

3
万願寺トウガラシの薬味。鍋にオリーブ油を多めに入れ、エシャロットとニンニクをスュエする。万願寺トウガラシを7mm幅に切って加え、塩、一味トウガラシを加えてさっと炒める。

4
ところどころ万願寺トウガラシの触感が残る程度に、ミルで粉砕する。塩で味をととのえる。

5
ビーツのヴィネグレット。ビーツを厚さ1cmの輪切りにする。鍋に白ワインヴィネガー、水、グラニュー糖、粗塩、オリーブ油を入れて火にかけ、ビーツを入れてふたをして煮る。

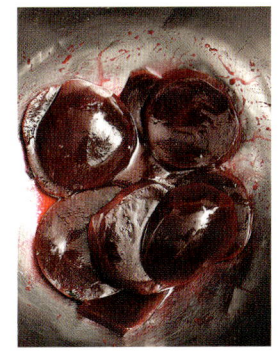

6
少し歯ごたえが残るぐらいで火を止め、引き上げて冷ます。煮汁はとりおく。

7
3種類のマスタード、赤ワインヴィネガー、シェリーヴィネガー、塩、オリーブ油、クルミ油を混ぜ、ビーツの煮汁を加える。1cm角にきざんだ**6**のビーツとエストラゴンを入れて味をなじませる。

◎付合せ
マスタードグリーン、セルフイユ、レモンバーム、セロリの葉、イタリアンパセリなど香りのある葉を適宜にちぎり、ソース・ヴィネグレットであえる。

◎仕上げ
皿にサワラを盛り、香草をのせる。ビーツのヴィネグレットと万願寺トウガラシの薬味、柔らかくほぐしたレモンジャム(p53)を添える。

やがらのポワレ、ポム・ランデーズ、香草サラダ添え
"Yagara" poêlé, pomme landaise, salade d'herbes

ヤガラは西の魚。見た目のインパクトに反して、身は白くて味わいは上品、
身に厚みがあって、肉に匹敵するような満足感が得られる。
皮と骨の周りに旨みがあるので、それを引き出すように骨付きのまま筒切りにし、
皮には切り込みを入れてアロゼしながら香りを引き出しつつ、ジュストに仕上げる。
焼いた時の食欲を誘う香りと、口の中でぐーっと広がる旨さがヤガラの真骨頂。
ポム・ランデーズとトランペット茸を付合せに添えて。

材料［1人分］
ヤガラ……1切れ（80g）
塩、カイエンヌペッパー、薄力粉
オリーブ油
ポム・ランデーズ
- ジャガイモ……1個
- 粗塩……ひとつまみ
- グレスドワ……大さじ1
- パセリ（みじん切り）……適量

1
ヤガラは赤い色と身の長さ、そして1/3を占める長いくちばしが特徴。写真は九州のもので3kg弱。

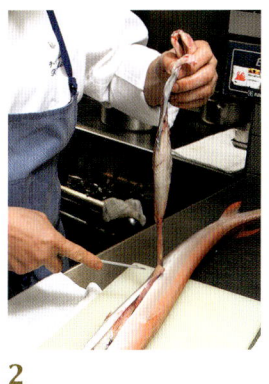

2
腹に包丁を入れて内臓を取り出し、中を水洗いする。頭を切り落とし、骨付きのまま1人分を筒切りにする。
＊身の太い部分を切り出し、端のほうはカルパッチョなどに使う。

3
火が入りやすいよう、皮目に7〜8本切り込みを入れる。
＊皮が案外固く、包丁を入れづらいので注意。

4
全体に塩とカイエンヌペッパーをふり、薄力粉を刷毛で全体に薄くまぶす。余分な粉をはたく。

5
フライパンにオリーブ油を熱し、ヤガラを入れる。向きを変えながら、弱火で10分ほどかけてじっくり焼く。

6
とくに骨の周りに火が入りづらいので、ていねいにオリーブ油をアロゼする。すると骨から旨みが出てくるので、それを全体にアロゼして香ばしく仕上げる。

7
ポム・ランデーズ。ジャガイモを厚さ5mmに切る。鍋に水、粗塩、ジャガイモを入れ、グレスドワを加えて弱火にかける。ジャガイモが柔らかくなったらパセリを加える。

◎**付合せ**
トランペット茸を水でもどし、水気をきる。バター、エシャロットのみじん切りと一緒にじっくり炒め、塩、黒コショウで味をととのえる。ロケット菜、水菜、菜の花、セルフイユなどの葉野菜をボウルに入れて塩、黒コショウし、少量のトリュフのみじん切り、オリーブ油、クルミ油を加えてからめ、最後にソース・ヴィネグレットを加える。

◎**仕上げ**
皿にポム・ランデーズを敷き、ヤガラをのせる。トランペット茸のソテーと葉野菜のサラダを添える。

タチウオの真っ黒焼き
Noir de "Tachiuo"

タチウオは脂がのって身はしっとり、じわっと広がる旨さがあとを引く。
オーブンで焼いてみたりもしたが、今は文字通り"真っ黒"にあぶって提供している。
バーナーであぶるのは、ウナギやアナゴを炭火で脂を落としながら焼くようなイメージ。
中に潜んだ脂が引き出され、香ばしさとあいまってなんとも旨い。
中まで火を入れないほうがおいしいので、あぶるのは切り込みを入れた面だけ。
しゃばしゃばのソースと合わせたのは、スープで食べる感覚。そこにトリュフ、
フォワグラ、田ゼリを組み合わせることで、タチウオの別の旨さが味わえる。

細長い姿が特徴のタチウオ。銀色の皮にはウロコがない。2kg前後のものを選ぶ。

材料 [1人分]
タチウオ……3切れ（90g）
塩、カイエンヌペッパー
ソース
- ジュ・ド・ヴォライユ……100cc
- トリュフオイル*……小さじ1
- 生ベーコン（みじん切り）……少量
- 塩、黒コショウ

ルーコラ、田ゼリ、セルフイユ、シブレット……各適量
*トリュフオイルはトリュフのみじん切りをオリーブ油でのばしたもの。

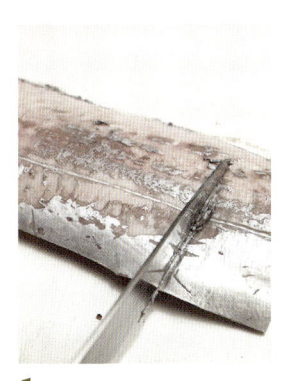

1
タチウオをおろし、銀色の皮を包丁の刃でこそげ落とす。

2
2〜3mmごとに切り込みを入れ、適宜の大きさに切る。
*切り込みを入れることで、バーナーで焼いた時にも中まで火が入りやすくなる。

3
塩とカイエンヌペッパーをふる。裏面も同様に。

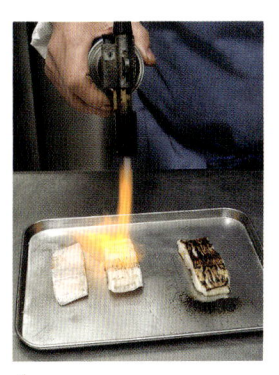

4
切り込みを入れた面だけバーナーであぶる。身の厚い部分は長めにあぶり、真っ黒に焼き色をつける。

5
ソース。鍋にジュ・ド・ヴォライユを入れて火にかける。トリュフオイル、生ベーコンを加えて塩、コショウで味をととのえる。

6
ルーコラ、田ゼリ、セルフイユ、シブレットをたっぷりひとつかみ入れ、少ししんなりしたらソースの完成。

◎ソース
フォワグラを薄めに切り、片面だけ塩、黒コショウをふる。よく熱したフライパンで香ばしく焼く。

◎仕上げ
皿にタチウオを盛り、それぞれにフォワグラを1枚ずつのせる。その上に田ゼリやルーコラを盛り、ソースを流す。トリュフを添える。

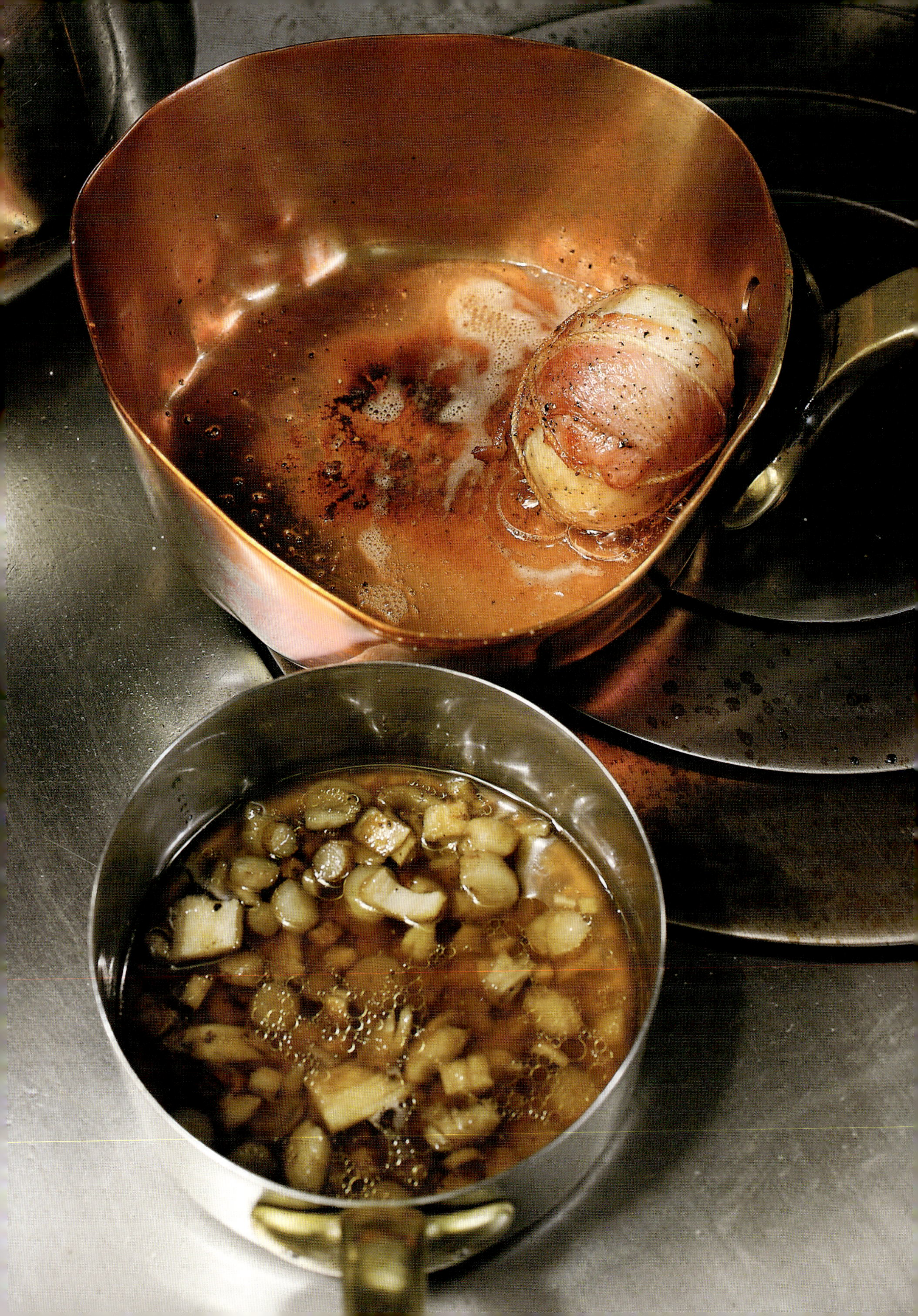

Viandes
肉料理

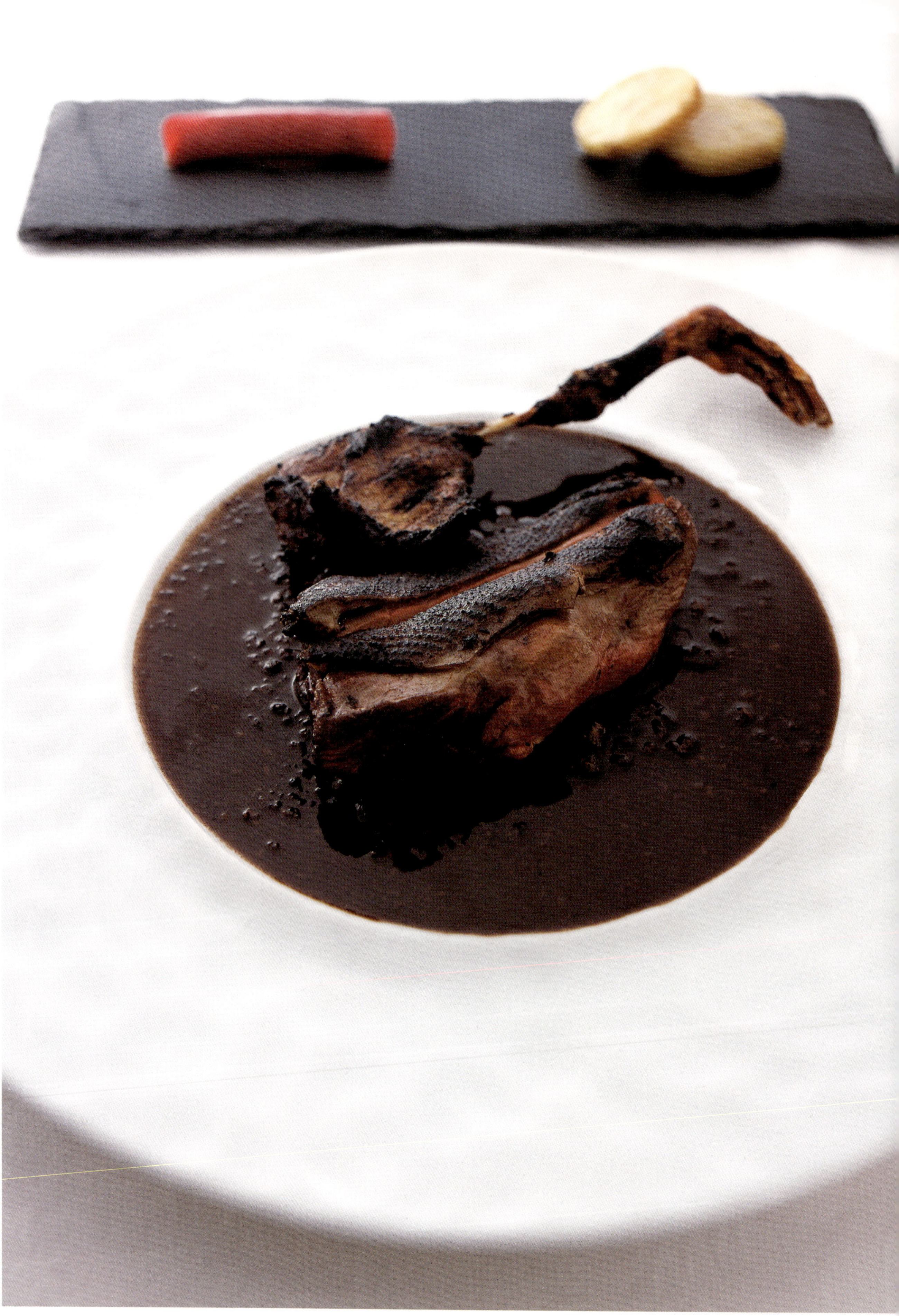

野鴨のロースト、サルミソース
Col-vert rôti, sauce salmis

　フランス料理の伝統の中で継承されてきた「ジビエ」というジャンル。フランスにいた時、その内臓までソースにしてしまう食文化の違いに驚かされた。日本人の僕にとっては憧れであり、同時にハードルの高い仕事である。

　どの料理もそうだが、ジビエはとくに1年に1回ということを強く意識する。自然のものだから、その時々で全然違うし、来年は手に入るかもわからない。60歳を超えて「あと何年、ジビエをやれるだろうか」という気持ちもある。どの皿も思いを込めて作るけれど、とりわけジビエにはエネルギーが必要。中途半端だと跳ね返されてしまいそうだから、テンションと集中力をぐっと高め、毎回ぶつかっていくつもりで挑戦している。

　店ではさまざまなジビエを使うが、鴨などの鳥類はローストしてソース・サルミと一緒に、野ウサギ、エゾジカ、イノシシなどはシヴェに仕立てることが多い。ソース・サルミにしてもシヴェにしても、僕が大事にしたいのは野生の香り。家禽にはないその個性をいかに引き出すかが大事で、小細工せず、シンプルに仕立てるよう心がけている。

　たとえばソースのベース用にガラでジュをとる際に、僕は水を多用する。野生の力強い香りも、赤ワインを入れすぎると負けてしまう。一方、素材の味が一番溶け出すのは水。鍋をデグラッセする時も必ず水でする。

　また、仕上げに加えるフォワ（レバー）や心臓も、野生を感じさせる大事な要素。僕の場合、ヤリイカのクールジェット詰め（p48）のトマトソースしかり、寒ビラメのキャベツソース（p72）や甘鯛のキュウリソース（p75）しかり、あえて粗く粒子が残った触感を好む。どこかトゲがあるというか、でこぼこの部分があることで、そこに素材本来の味が感じられるから。だからソース・サルミの場合も、叩いたフォワと心臓を加え、血でつないで仕上げたあとには漉さない。漉してなめらかに仕上げるのが一般的だと思うが、僕はそのまま皿に流す。もちろん、ボソボソするのは論外。内臓と血を加えたら、沸かさないようにしながらじっくりつないでいく。なお、僕はバターでモンテもしない。

　真鴨は煮込む場合はオス、メスでほとんど遜色ないが、ローストにする場合はメスのほうが肉質が細かく、しっとりする。焼き方はセニャン・ブル（レアと生の間）ぐらい。表面を香ばしく焼き上げ、中は生っぽく仕上げるのが旨い。また、フランス産サルセル鴨（小鴨）もコンパクトで気に入っている素材。ソース・サルミを仕上げた時によくわかるが、小さいのに野生の香りは充分、真鴨に比べても奥深い味があり、フォワなども濃厚。可能性のある、もっと追求したい素材だ。

材料 [1人分]

真鴨……1/2羽
塩、黒コショウ
ラード、バター
ソース・サルミ（2人分）
　ソースのベース
　　真鴨の首つる、手羽……1羽分
　　セロリラヴの皮……適量
　　エシャロット（みじん切り）……少量
　　タイム……少量
　　水、赤ワイン……各100cc
　　ジュ・ド・ヴォライユ……200cc
　真鴨のレバー、心臓……各1羽分
　フォワグラ（1cm角）……8かけ
　赤ワイン……100cc
　ポルト酒（煮詰めたもの）……60cc
　ジュ・ド・ヴォライユ……100cc
　真鴨の血……少量
　黒コショウ

1
真鴨は柔らかい肉質を持つメスを使う。写真は1kg前後。おもに新潟から送ってもらう。

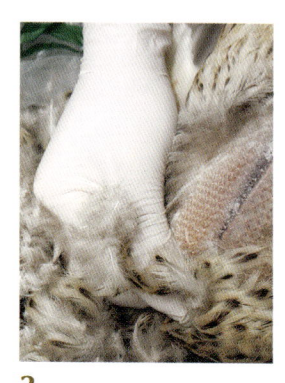

2
ビニール手袋をつけ、肌をなでるように親指をすべらせて羽根をむしる。皮は引っ張らない。
＊ラ・ブランシュでは羽根をむしるところからア・ラ・ミニュートで。羽根が飛び散らないよう厨房の外で、ビニール袋の中で行なう。

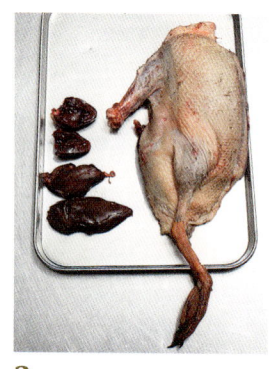

3
皮をバーナーであぶり、羽根を焼ききる。首スジに包丁を入れ、頭を落として内臓を取り出し、半身ずつさばく。写真はおろした半身、心臓、レバー。

4
半身の鴨に塩、黒コショウをふる。ココットにラードとバターを入れ、身のほうから焼き始める。向きを変えながら全面に焼き色をつける。
＊火加減は弱めの中火ぐらい。

5
ソース・サルミを作る。首つると手羽をぶつ切りにし、油を引かずに弱火で15分ほど炒める。焼き色がついたらきざんだセロリラヴの皮とエシャロット、タイムを加え、さらに炒める。

6
少量の水でデグラッセし、赤ワインを注いでムイエする。

7
煮詰まったら水を加え、軽く煮詰める。ジュ・ド・ヴォライユを注ぎ、しばらく煮出す。

8
真鴨のレバー、心臓、フォワグラを1cm角ぐらいに切る。

9
フォワグラをフライパンでさっと炒め、レバーと心臓も加えて炒める。取り出して粗熱をとる。

10
包丁でできるだけ細かく叩く。

11
7の味が充分出たら、シノワで漉す。シノワに残ったガラをぎゅっとつぶすようにして絞りきる。
＊煮出す時間は30分ほど。

12
半量（1人分）を火にかけ、軽く煮詰める。赤ワイン、ポルト酒を煮詰めたもの、ジュ・ド・ヴォライユを加えてさらに煮詰める。

13
10を半量加え、火からはずして手早く混ぜる。ごく弱火にかけて混ぜながら黒コショウをふり、鴨の血を加えてつなぐ。

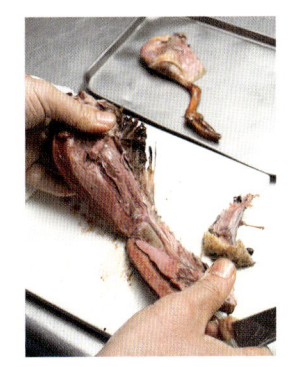

14
4の鴨全体にきれいに焼き色がついたらしばらく休ませ、さばく。モモ肉を切り分け、付け根の骨をはずす。胸肉をはずし、あばら骨をすきとる。足先は切り落として次回のソースのベースに使う。

15
手羽とモモ肉は網にのせ、直火でグリエする。しっかり香ばしさをつけるように全面を焼く。

16
胸肉はバターと一緒に銅鍋に入れ、皮目から焼く。きれいに焼き色がついたら、裏返して身のほうもさっと焼く。

◎**付合せ**
セロリラヴを厚さ1cmに切り、オリーブ油、粗塩、水を沸かしたところに入れて煮る。ビーツは甘酢で煮たものを薄く切り、マロンクリームをのせて細めに巻く。さっと温める。

◎**仕上げ**
皿にソースを流し、鴨肉を盛る。付合せを別添えにする。

シャラン鴨肉のロースト、レンズ豆のブレゼ、黄金柑のアクセント

Canard challandais rôti aux lentilles braisées, agrume "Ougon-kan"

いろんな鴨を食べたが、一番はビュルゴーさんが育てるフランスの"シャラン鴨"。
とくに、焼いた時に肉の繊維からにじみ出てくるジューシーさと香りのよさは格別で、
できるだけ大きな塊で、骨付きのまま、ギリギリ焼き切るぐらいまでじっくり加熱する。
ポイントは塩。脂を落としながら焼くので「こんなに?」というぐらいまで塩は強く。
軽く焼いて甘酸っぱさを強調した黄金柑と、散らしたマジョラムの香りがアクセント。

材料 [1人分]

シャラン鴨の胸肉……1枚
ニンニク(みじん切り)……少量
エシャロット(みじん切り)……少量
タイム……少量
ジュ・ド・ヴォライユ……大さじ1
グラス・ド・カナール……少量
塩、黒コショウ
バター、オリーブ油

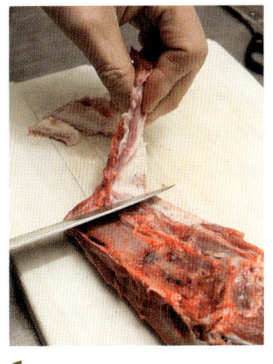

1 鴨の胸肉を掃除し、不要な骨をはずして余分な脂を取り除く。

2 皮に格子状に細かく切り込みを入れる。
＊肉の間際まで深く、ていねいに切り込む。焼いた時に余分な脂が出てカリッと仕上がる。

3 全体に塩、黒コショウをふる。
＊脂が溶けることで調味料も落ちるので、皮には強めにアセゾネする。

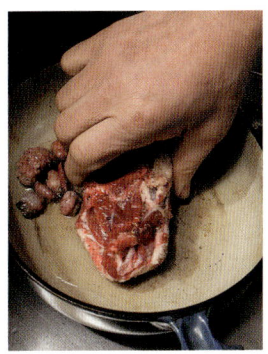

4 ココットに1で取り除いた脂を入れ、ゆっくり溶かす。鴨を皮目から入れて焼く。
＊加熱は基本的にプラックの上で。鴨はあまり動かさず、じわじわと脂を溶かすように火を入れていく。

5 脂が外に出て、香ばしく色づいたら、鴨の向きを変えて同様に焼く。
＊写真のように、サイドにも焼き色をつける。厚い部分は、とくに意識して加熱する。

6 全体にきれいに焼き色がついたら、網に取り出して温かい場所で休ませる。
＊休ませる間に熱が中まで伝わり、肉汁も全体に行き渡る。

7 ココットの余分な脂をふきとり、バター、ニンニク、エシャロット、タイムを入れてさっと炒める。ジュ・ド・ヴォライユとグラス・ド・カナールを加えてデグラッセし、漉す。
＊漉したジュはとりおく。

8 7のココットにオリーブ油とバターを入れ、6の鴨を皮目から入れ、全体を温めて仕上げる。

◎ **付合せ**

レンズ豆のブレゼ。グレスドワで生ベーコンを炒める。タマネギ、ニンジン、セロリラヴ各50gをスュエし、ゆでたレンズ豆200gを加えてなじませる。ブーケ・ガルニ、ニンニク(グレスドワでゆっくり煮る)大さじ1を加え、ジュ・ド・ヴォライユ100cc、グラス・ド・カナール少量、トマトのクーリ大さじ1を加えてしばらく煮る。仕上げにマジョラムとパセリを加える。黄金柑のコンフィは黄金柑を7～8等分に切り分け、軽くグラニュー糖と塩をふり、オリーブ油をたらす。細切ったコブミカンの葉を散らして140℃のオーブンで焼く。トマトのコンフィはp80参照。

◎ **仕上げ**

皿にレンズ豆のブレゼを敷き、2等分にした鴨肉を盛る。レンズ豆の周りに7でデグラッセしたジュを流す。黄金柑とトマトのコンフィを添え、フレッシュのマジョラムを散らす。

鴨肉のコンフィ、大根ソース、こんがりジャガイモ添え
Confit de canard, sauce aux radis, pomme de terre doré

鴨のコンフィはオープン当時から作り続けている、ラ・ブランシュの大事な料理。
鴨をマリネする際にミルポワを使わないのは、野菜を使うことで水っぽくなるし、
せっかくおいしい鴨なのだから、余計な要素はできるだけ排除してその風味を
ストレートに伝えたい、と思うから。僕には必要だと感じられないのだ。
コンフィのポイントは、とにかく低温（85〜86℃ぐらい）でゆっくり加熱して、
ふっくらジューシーに仕上げること。大好きなジャガイモのソテーのほかに、
ソース代わりでもある大根の軽いマリネを添えてさっぱりと食べてもらう。

材料［6人分］

鴨モモ肉……6枚
塩
黒コショウ（粗く砕く）
ニンニク（スライス）
タイム（ドライ）
ローリエ（ドライ）
グレスドワ（コンフィ用）
オリーブ油

大根ソース（6人分）
　ダイコン……1/8本
　コルニション……小5本
　小タマネギの酢漬け……2個
　ローズマリーの葉……1本分
　赤粒コショウ……ひとつまみ
　オリーブ油……適量
　シェリーヴィネガー、赤ワイン
　　ヴィネガー……各少量
　パセリ（みじん切り）……少量
　ケイパー（みじん切り）……少量
　塩、黒コショウ

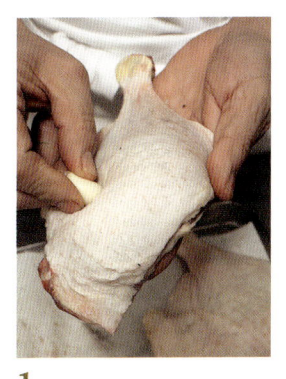

1
鴨モモ肉を掃除し、全体にニンニクをこすりつける。
＊鴨はフランス・ランド産。1本300g前後のものを使用。

2
全体にまんべんなく塩をまぶす。

3
バットに黒コショウ、ニンニク、タイム、ローリエを広げ、鴨の皮を下にして並べる。上からも黒コショウ、ニンニク、タイム、ローリエをふり、冷蔵庫で一晩マリネする。

4
鴨についた香辛料をふきとる。鍋にグレスドワを入れて溶かし、皮を下にして重ならないように鴨を入れる。ふたをして、ごく弱火で煮る（途中で裏返す）。
＊ふたをしている間も沸騰しないように火加減を調整する。

5
6時間ほどしたら鴨に串を刺し、火が入ったものから引き上げる。1本ずつ小分けにして煮た脂と一緒にパックし、冷蔵庫で1週間ねかせる。
＊ねかせることで香りが出てくる。

6
提供時。フライパンにオリーブ油を引いて火にかけ、皮目だけ焼く。骨に沿って切り込みを入れ、皮を広げるようにしてじっくり焼いていく。
＊余分な脂が出たら随時取り除く。これは香りのある脂として保存。

7
大根のソース。ダイコンを7～8mm角に切る。ザルに入れて塩をふってあおる。しばらくおいて水気をきる。コルニションは輪切りに、小タマネギの酢漬けは4等分にする。

8
7をボウルに入れ、きざんだローズマリーの葉、赤粒コショウ、黒コショウ、オリーブ油、シェリーヴィネガー、赤ワインヴィネガーを加えて混ぜる。パセリとケイパーを加える。

◎付合せ
皮付きのジャガイモを蒸してから輪切りにし、塩、黒コショウをふってオリーブ油でこんがりと焼く。エシャロット、ニンニク、パセリとバターを加え、仕上げにハーブ（セルフイユ、イタリアンパセリなど）を加える。

◎仕上げ
皿に鴨のコンフィを盛り、周りに大根のソースを流す。ジャガイモを添える。

鴨のパイ包み、エキゾチックエピス風味、旬の日本野菜添え
Feuilleté de canard confit aux épices exotiques, beaux légumes japonais

フランスにいた時に、これに似た料理を食べたことがある。その家のおばあちゃんが
作ってくれたもので、パイの中にシナモンやレーズンが入っていて「お菓子みたいだな」
と思ったのを、少し前に突然思い出し、無性に作りたくなったのだ。
パイの中身は鴨のコンフィをほぐしたものと、大ぶりに切った香味野菜。
決め手はセロリで、あまり炒めすぎずにその香りを強調しつつ、シナモン以外に
レモンジャムやキャトルエピスも加えて、よりエキゾチックな雰囲気に仕上げる。
30年以上前の記憶が急によみがえったりするのだから、料理は本当におもしろい。

材料[7人分]

鴨のコンフィ(p102)……2本
タマネギ……80g
セロリ……80g
フヌイユ……50g
エシャロット(みじん切り)……少量
ニンニク(みじん切り)……少量
レモンジャム(p53)……大さじ1
レーズン……ひとつかみ
パプリカ、シナモン、キャトルエピス……各小さじ1
パセリ……適量
塩、黒コショウ
グレスドワ
パート・フイユテ(8×13cm・p67)……1枚

1 ファルスを作る。鴨モモ肉のコンフィの肉を繊維に沿ってほぐす。皮は細かくきざむ。

2 タマネギ、セロリ、フヌイユを同じぐらいの棒状に切り揃える。

3 フライパンに鴨の皮とグレスドワを入れ、軽く炒める。2の野菜、ほぐした鴨肉、エシャロットとニンニクを加えてざっと炒める。

4 レモンジャム、レーズン、パプリカ、シナモン、キャトルエピスを加え、塩、黒コショウも入れて炒める。仕上げにパセリを加え、冷ましておく。
＊短時間でどんどん炒めて野菜の触感を残す。

5 4を手にとり、だ円球に形を整える。

6 厚さ2mm、8×13cmぐらいにのばしたパート・フイユテに5をのせ、筒状にくるむ。

7 両端をつまんで綴じ、下に折り込んでだ円球型に整える。

8 表面に溶き卵(分量外)を薄くぬる。細く切った余り生地で模様を作り、そこにも卵をぬる。230℃のオーブンで12分焼く。

◎ ソース
赤ワインヴィネガーとグラニュー糖を煮詰めて軽いガストリックを作り、ジュニエーヴル、クローヴ、赤ワインを加えてゆっくり煮詰める。ジュ・ド・ヴォライユを加えて煮詰め、塩、黒コショウ、シェリーヴィネガーで味をととのえ、シノワで漉す。

◎ 付合せ
ニンジン、日野菜カブ、赤カブ、ビーツ、ラディッシュを適宜の大きさに切る。鍋に水、塩、オリーブ油を入れて火にかけ、野菜入れる。歯ごたえを残すように煮て、冷ます。

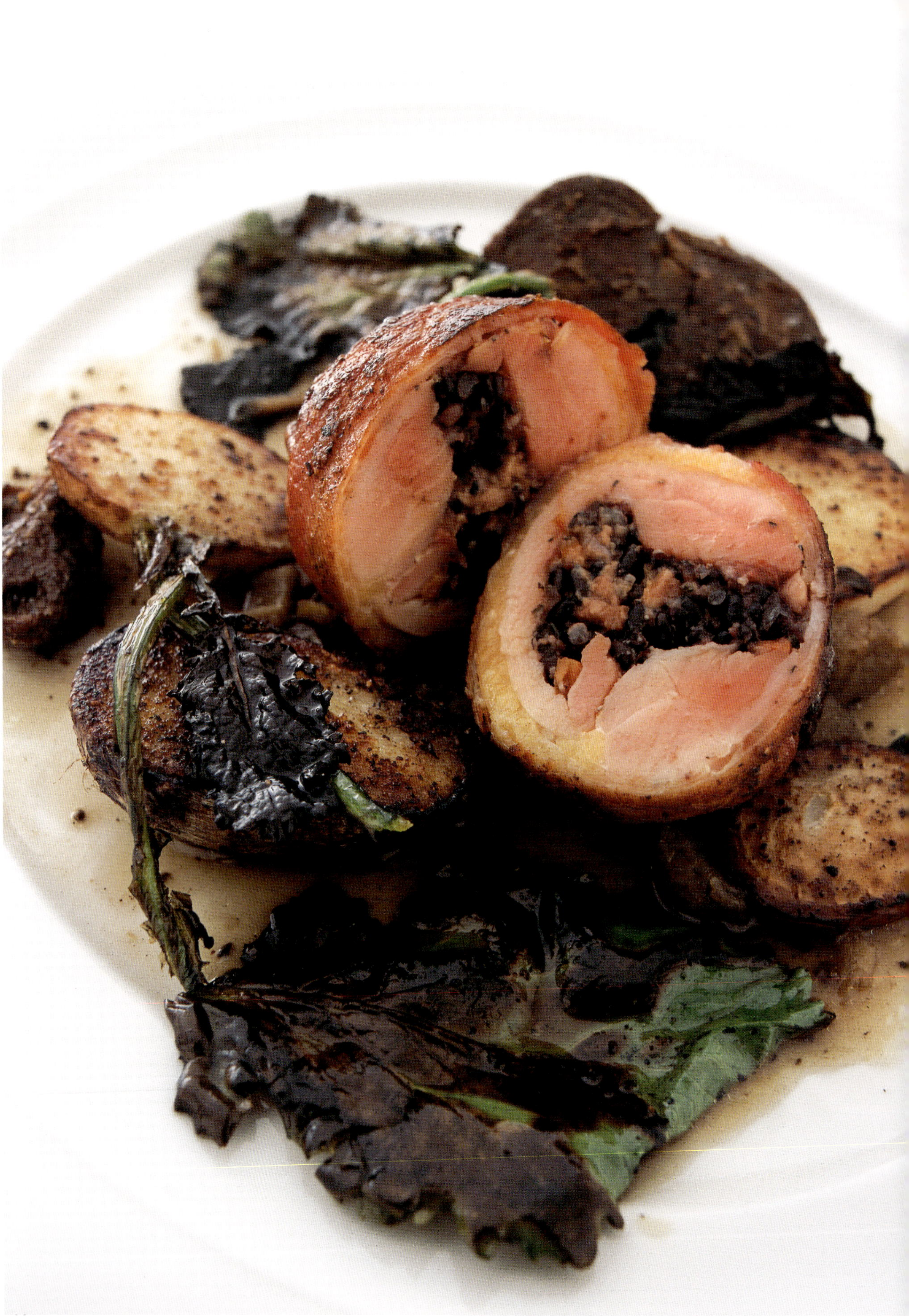

川俣シャモの黒米詰めロースト、
ごぼうトリュフソース

Volaille "Kawamata shamo" farcie de "Kurogome" rôti, sauce salsifis à la truffe

　僕のふるさと、福島県川俣町では小さいころからシャモが身近な存在だった。我が家でも飼っていて、煮ものや炊き込みごはんにして食べていたのを覚えている。
　そんなシャモを「町の特産品にすべく、飼育し始めた」と町の職員だった古川道郎さん（現川俣町長）から聞いたのは20数年前のこと。すぐに店でも使い始めた。初めて食べた感想は「旨い」。生産を担う振興公社としても手探りだったから「肉の固さも味も、もう少しマイルドのほうが食べやすいのでは」などと僕なりの感想をざっくばらんに伝えたこともあったが、公社を主導に生産農家が工夫を重ね、素材のレベルを上げてきた。
　シャモはもともと闘鶏だから気性が荒くて、味も強烈。川俣シャモはかけ合わせだから食べやすさはあるが、それでも鶏に比べたら身が締まっていて、味も濃い。この味に何を合わせるかと考えた時、すぐに頭に浮かんだのが「鶏とごはん」。子供のころに食べたきのこめしには必ず鶏肉が入っていた。それがシャモだったらもっと旨いはず。
　シャモでごはんを包むイメージで、会津産の黒米を炊き込みごはんに見立てようと考えた。田舎の甘じょっぱい味を意識して、ミルポワとトマトでみりんの甘さを、グラス・ド・カナールで醤油を思わせるコクをプラス。コトコト煮てベーコンのコクや野菜の味をしっかり吸い込ませた黒米は、プチプチもちもちで存在感充分。これに合わせるにはやはり普通の鶏では弱い。味が濃いうえ、食べたあとも余韻が続く川俣シャモでなければ。
　黒米とフォワグラをシャモで包んだら、味を閉じ込めるようにクレピネットとベーコンをぐるり。ベーコンの香りを出すように、網脂の脂を外に出すようにじわじわと焼き始める。香ばしい焼き色がつくにつれて、シャモの味は凝縮。網脂がクッションになるので、しっとりジューシーに焼き上がる。
　ここではモモ肉を使ったが、胸肉で作ってもよりしっとりしておいしい。味が濃いモモ肉は、こんがりソテーやグリルにしてもいいし、柔らかい胸肉は、軽く燻製にかけて品のよい旨みを引き出し、サラダにするのもいい。いずれにしても、シャモは完全に火を入れてはダメ。フランスのブレス鶏の感覚で、と言えばわかりやすいか。そう、僕にとって川俣シャモは東北のブレス鶏。がっぷり四つに組んでいい勝負をしたい、そう思わせる素材だ。
　なお、ソースのゴボウもきのこめしの延長だ。ゴボウは繊維を壊すように叩いてアク、つまり香りを出しやすくし、水とジュ・ド・ヴォライユで煮出す。仕上げにフォワグラの脂のコクとトリュフの香りを加えるものの、自分の中では"けんちん"みたいなイメージ。黒米を包んでこんがり焼いたシャモ、ゴボウのソース、こんがり焼いたカブ……僕にはどうしようもなく郷愁を感じさせる一皿だ。

材料 [1人分]

川俣シャモのモモ肉……1枚（80g）
黒米のファルス……大さじ1〜2
フォワグラ（1.5cm角）……1個
クレピーヌ……適量
生ベーコン……1枚
シャモのレバー……1/2個
シャモの心臓……1/2個
塩、黒コショウ
オリーブ油、バター

黒米のファルス [作りやすい量]
- 黒米……1カップ
- 生ベーコン……30g
- タマネギ*……50g
- ニンジン*……50g
- セロリラヴ*……50g
- トマトのクーリ……1/2カップ
- ブーケ・ガルニ……1束
- ジュ・ド・ヴォライユ……100cc
- グラス・ド・カナール……大さじ1
- パセリ（みじん切り）……ひとつかみ
- 粗塩、塩、黒コショウ
- オリーブ油、グレスドワ

*タマネギ、ニンジン、セロリラヴは3mm角に切り揃える。

ゴボウトリュフソース [作りやすい量]
- ゴボウ……1.5本
- ジュ・ド・ヴォライユ……1〜2カップ
- グレスドワ……小さじ1
- トリュフ（みじん切り。オリーブ油でのばす）……小さじ1
- フォワグラの脂（あれば）……少量
- 粗塩、グラニュー糖
- 水溶き片栗粉……少量

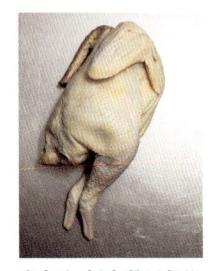

出身地・福島県川俣町で飼育している川俣シャモ（p148）。シャモの旨みと鶏の柔らかさを持つ。写真で1.8kgほど。

1 黒米のファルスを作る。黒米を水から20分ほどゆでる。水気をきっておく。

2 鍋にオリーブ油とグレスドワを入れて火にかけ、生ベーコンを炒める。タマネギ、ニンジン、セロリラヴを加えてスュエする。野菜の香りが出たら黒米を加え、味をなじませるように4〜5分炒める。

3 トマトのクーリを加えて混ぜ、ブーケ・ガルニを入れる。ジュ・ド・ヴォライユを注ぎ、粗塩を加えてムイエし、グラス・ド・カナール、塩、たっぷりの黒コショウを加えてしばらく煮る。仕上げにパセリを加える。

4 ボウルに移し、氷水にあてて粗熱をとる。

5 川俣シャモのモモ肉をオーブンシートにのせ、上からラップ紙をかぶせる。皮を叩いて薄くのばす。
*叩くのは皮だけ。

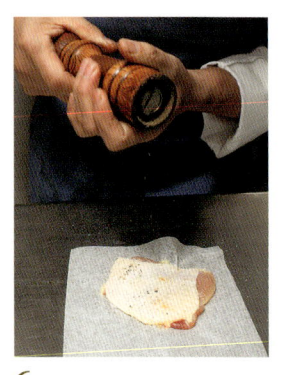

6 両面に塩、黒コショウをふる。

7
肉の面を広げ、黒米のファルスをのせ、塩、黒コショウをふったフォワグラをのせて軽く押さえる。フォワグラの上にもファルスをのせる。

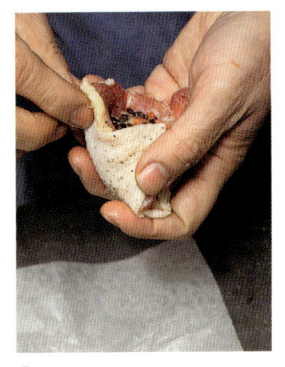

8
モモ肉のふちを、茶巾のように中心に集めて丸く包む。

9
クレピーヌで2重に包み、形をととのえる。

10
生ベーコンを巻きつけて糸で縛り、塩、黒コショウをふる。
＊クレピーヌの薄い部分をカバーするように生ベーコンを巻く。フィスレの際はきつく巻きすぎないように。

11
銅鍋にオリーブ油を引き、**9**を入れる。向きを変えながら、弱火～中火でじっくり焼く。

12
20分ほどすると、写真のように全体に香ばしい焼き色がつく。

13
網などに取り出し、温かい場所で休ませる。
＊ゆっくり焼くことで、生ベーコンやクレピーヌからも脂が出きった状態になる。

14
ゴボウトリュフソースを作る。ゴボウをさっと洗い、ふきんなどで包む。麺棒でまんべんなく叩く。

15
写真のようにつぶれ、繊維が壊れるまで叩いたら、4～5mm幅にきざむ。
＊叩くことでゴボウの風味が出やすくなる。

16
鍋にゴボウとひたひたの水を入れて粗塩を軽くふる。沸いたらジュ・ド・ヴォライユを加える。グラニュー糖、グレスドワ、トリュフ、フォワグラの脂を加えて10分ほど煮て、水溶き片栗粉を加える。

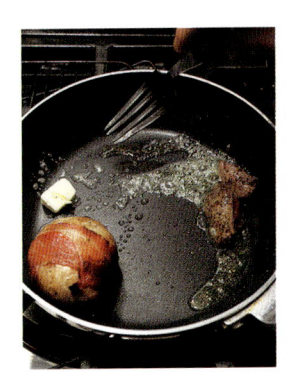

17
フライパンにオリーブ油を引き、シャモのレバーと心臓をゆっくりソテーする。バターを加え、**13**の休ませたシャモも加えて温めながら香りをまとわせる。

◎**付合せ**
カブは葉付きのまま厚めに切り、塩、黒コショウをしてオリーブ油でじっくりソテーする。

◎**仕上げ**
皿にゴボウトリュフソースを流し、シャモの黒米詰めを盛る。シャモのレバーと心臓、カブのソテーを添え、トリュフを散らす。

109

千代幻豚のロースト、ワイルドライス添え、野菜のオーブン焼き
Porc "Chiyogenton" rôti, riz sauvage braisé

4年ほど前だったか、長野県飯田市でたまたま食べた豚バラ肉のシンプルな鍋に
「旨いなぁ」と感激し、すぐに使い始めたのが「千代幻豚」。
とくに脂がすばらしく、甘みがあって味わい深いのに、口の中ですっと溶けていく。
店では半枝で仕入れてさまざまに使っているが、メインとして提供する時は
シンプルなローストで。脂に厚みを持たせて切り分け、香ばしさを出すように
脂をじっくり焼きつつ、その香りを肉にまとわせるようにすると本当に旨い。
ワイルドライスの煮込みと季節の野菜を添えて。ソースは不要だ。

材料［1人分］
豚ロース肉……250g
塩、黒コショウ
ラード、バター

ワイルドライスのブレゼ
┌ ワイルドライス*……大さじ3
│ タマネギ、ニンジン、セロリ（みじん切り）……各20g
│ ニンニク（みじん切り）……少量
│ 生ベーコン、グレスドワ……各少量
│ トマトのクーリ……小さじ2
│ ジュ・ド・ヴォライユ……大さじ3
│ グラス・ド・カナール……少量
│ パセリ（みじん切り）……ひとつかみ
│ エストラゴン（粗めにみじん切り）……6枚分
│ トマト（コンカッセ）……大さじ1
└ 塩、黒コショウ
＊ワイルドライスは水から15分ほどゆで、水気をきっておく。

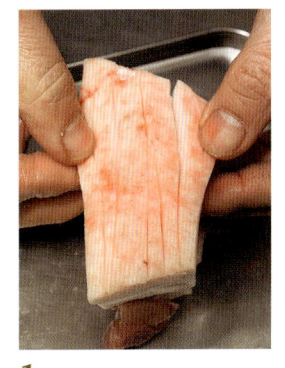

1
豚ロース肉の脂に、5mm幅ごとに切り込みを入れる。
＊切り込みを入れることで脂が出やすくなる。やや深め（3〜4mm）に入れる。

2
全体に塩、黒コショウをふる。脂の部分には多めに。

3
ココットにラード入れて弱火にかけ、脂の面から焼き始める。脂を溶かすようにゆっくり火を入れ、焼き色がついたら肉の向きを変えて全面を焼く。
＊温める感覚でじんわりと火を入れていく。焼き色は自然につく。

4
指で押して火の通り具合を確認する。引き上げて温かい場所で休ませる。
＊休ませている間に中まで火が入るのがベスト。

5
仕上げ。フライパンにラードを熱し、ロース肉を入れる。向きを変えながら肉を温め、軽く色づける。

6
ワイルドライスのブレゼ。鍋に生ベーコンとグレスドワを入れて火にかけ、ニンニクを炒める。タマネギ、ニンジン、セロリを加えてじっくりスュエし、野菜の香りが出てきたら、ゆでたワイルドライスを加えて混ぜる。

7
トマトのクーリを加えて混ぜ、ジュ・ド・ヴォライユとグラス・ド・カナールを加える。
＊ジュ・ド・ヴォライユとグラス・ド・カナールで旨みとコクをプラスする。

8
沸いたらパセリとエストラゴンを加えてなじませ、仕上げにトマトを加えてしばらく煮込む。塩、黒コショウで味をととのえる。
＊エストラゴンは粗めにきざみ、香りを強調する。

◎付合せ
セロリラヴ、ビーツ、菜の花、のらぼう菜、アスパラガス、ニンジン、フヌイユ、サトイモ、赤カブを、オリーブ油と塩を入れた湯で歯ごたえを残すように煮る。トマトコンフィと一緒にココットに入れ、160℃のオーブンで温める。

バベットのソテー、初夏の味わい
Bavette poêlée, étuvée de oignons nouveau, grains de blé

フランスにいた時によく食べていて、懐かしさから使い始めたバベット。
ロースが噛んだ時の旨さだとしたら、バベットは飲み込んだ時の旨さというのか、
ほかの部位にない旨さがある。うちでは焼き上がりに薄くワサビをぬって提供するが、
これが僕にとってはどこか懐かしい味。この付合せはジャガイモじゃないな、
シャキッとしたタマネギやキュウリもいいな……と爽やかな初夏のイメージで仕上げた。
プチプチした麦も入って、どこか冷や汁みたいな感覚。さっぱり食べてもらいたい。

材料 [1人分]

バベット……2切れ (100g)

塩、黒コショウ

ラード、バター

アサリとタマネギの付合せ [2人分]
- アサリ……10個
- エシャロット（みじん切り）……少量
- ニンニク（みじん切り）……少量
- タマネギ……16切れ
- タイム……少量
- 塩、オリーブ油
- 押し麦（塩ゆでしたもの）……少量

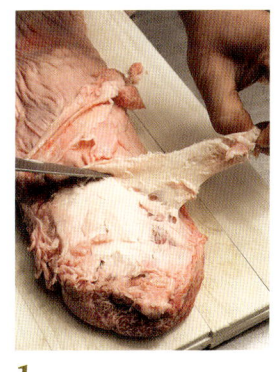

1 バベットの表面の膜を包丁でそぎ切り、スジを取り除く。1人分を切り出す。
＊脂は取らないようにする。

2 塩、黒コショウをふる。

3 銅鍋にラードを引き、弱火にかける。バベットを入れ、じんわり温めるようにして火を入れる。

4 いったん網などに移し、温かい場所においてやすませる。
＊休ませる間に中までじんわり熱が行き渡る。

5 提供する前にフライパンに少量のバターを溶かし、バベットをさっと焼いて香ばしさを出す。

6 付合せ。鍋にオリーブ油、エシャロットとニンニク、水を入れて火にかける。アサリを入れてふたをし、殻が開くまで加熱する。
＊煮汁はとりおく。

7 別鍋にオリーブ油とタイム、少量の水、塩を入れて火にかけ、タマネギを入れる。タマネギにからめながら加熱する。
＊タマネギのシャキッとした触感を残す。

8 7をボウルにあけ、それ以上タマネギに火が入らないよう、氷水にあてて冷ます。6のアサリとその煮汁、ゆでた押し麦、オリーブ油を加えて混ぜる。
＊このジュがソース代わりになる。

◎付合せ
キュウリに塩をまぶし、手のひらで上から押しつぶして"叩きキュウリ"にする。しばらくおいて味をなじませ、オリーブ油とごく少量のゴマ油、コショウであえる。トマトは串切りにし、**8**のジュにさっとくぐらせる。

◎仕上げ
バベットの表面に薄くグラス・ド・ヴィヤンド（ハチミツ、赤ワインヴィネガー入り）をぬってから、ごく薄くワサビをぬる。皿にタマネギとアサリの付合せをジュごと盛り、バベットをのせる。付合せのキュウリとトマトを添える。

牛ほほ肉の赤ワイン煮込み
Joue de bœuf braisée au vin rouge

口にした途端にぶわっと香るほど目いっぱい赤ワインがしみ込んでいて、
煮込みらしいコクと同時にシャープなキレがあるのが、僕の赤ワイン煮込みの理想。
ポイントは赤ワインと赤ワインヴィネガーの使い方。「これでもか！」と
たっぷりワインを使うのはもちろんのこと、肉を煮込む時、煮込みと煮汁を仕上げる時、提供時と、
ほほ肉を火にかけるたびに新たに赤ワインと赤ワインヴィネガーを加えることで、
香りとキレを重ねていく。また、せっかくの香りが消えないように、
赤ワインはミロワールにせず加えるのが僕のやり方。提供時にもヴィネガーを使うなど、
大好きなヴィネガーの新しい可能性に気づいた料理でもある。

材料［作りやすい量］

牛ホホ肉……4個（1個250g）
マリネ液
[タマネギ……¼個
  ニンジン……⅓本
  セロリ……¼本
  ニンニク……1かけ
  赤ワイン……750cc]
赤ワインヴィネガー……100cc
赤ワイン……2ℓ
ジュ・ド・ヴォライユ……200cc
塩、黒コショウ
ラード

◎赤ワイン煮込みの仕上げ
牛ホホ肉の赤ワイン煮……1個（250g）
グラニュー糖……ひとつかみ
赤ワインヴィネガー……大さじ1～2
赤ワイン……250cc
ホホ肉の煮汁……250cc

◎牛ホホ肉の赤ワイン煮……15個（1個80g）
[グラニュー糖……少量
  赤ワインヴィネガー……少量
  赤ワイン……100cc
  ホホ肉の煮汁……200cc]

1 牛ホホ肉を掃除する。タマネギ、ニンジン、セロリを2～3cm角に、ニンニクは半分に切る。以上をビニールに入れて赤ワインを注ぎ、真空パックにする。冷蔵庫で2日マリネする。

2 ザルにあけてマリネ液を漉す。牛ホホ肉の水気をふきとる。
＊マリネ液はとりおく。

3 全体に塩と黒コショウをふる。

4 フライパンにラードを入れて強火にかけ、牛ホホ肉を入れる。肉の向きを変えながらじっくり焼き、香ばしく色づける。

5 牛ホホ肉をザルに取り出して油をきる。フライパンは余分な油を捨て、水を加えてデグラッセする。

6 2のマリネした野菜をさっと炒める。

7 野菜の上に牛ホホ肉を並べる。赤ワインヴィネガーを加える。

8 赤ワインも注ぎ入れ、2でとりおいたマリネ液も加える。
＊赤ワインは酸味のあるものを使用。

9
5でデグラッセしたジュを漉しながら加え、一度沸騰させる。

10
沸いたら火を弱め、アクを取り除く。

11
ジュ・ド・ヴォライユを加え、ふたをしてミジョテの状態を保ちながら煮る。

12
3時間ほど煮たところ。ホホ肉に竹串を刺して火の通り具合を確認し、煮上がったものから取り出す。煮汁はシノワで漉す。肉と煮汁はそれぞれ冷ます。

13
赤ワイン煮込みと煮汁の仕上げ。鍋にグラニュー糖をひとつかみ入れて火にかける。赤ワインヴィネガーを加えて酸をとばし、赤ワインを注ぐ。
＊新たに赤ワインを使うことで香りをプラス。キレもよくなる。

14
牛ホホ肉を3等分にする。

15
牛ホホ肉を13に入れ、12で漉した煮汁を加える。

16
ミジョテの状態を保ちながらしばらく煮る（写真は煮上がり）。ホホ肉を取り出して冷ます。1個ずつ真空包装にかけて保存する。
＊煮汁から出ている部分が乾くことで、煮汁を吸収しやすくなる。肉の向きを変えながら煮る。

17
提供時。鍋にグラニュー糖を入れてカラメリゼし、赤ワインヴィネガーを加えて酸をとばす。赤ワインを入れ、16の煮汁も漉し入れる。
＊ヴィネガーと赤ワインのキレと酸味を再度プラスする。

18
ホホ肉を入れ、煮汁をアロゼしながら温め、仕上げる。

トリップ、私のスタイルで
Tripes à ma façon

トリップ、私のスタイルで
Tripes à ma façon

このトリップを初めて食べた人は、ペルノーの香りと強い酸味に驚くと思う。
僕自身がもったり重いトリップの煮込みがあまり好きじゃなくて、「もっとすっきり食べたい」
と考えた時に、ヴィネガーをプラスしただけだとキレは出るけど深みやコクが足りない。
何かアルコールを……コニャックでもないし、カルヴァドスでもないし……と考えた末に行き着いたのが
白ワインとペルノー。あの独特の甘苦い感じや香りがトリップの強さにうまくなじむと確信した。
ほとんどペルノーと白ワインで煮るので、いわばアルコールの旨さで食べるトリップ。
結構ぜいたくな一品だと思うが、メニューに載るのはランチ。
マニアックな人にはたまらないようで、通年作っている隠れたスペシャリテだ。

材料［作りやすい量］

トリップ……3kg
タマネギ……1個
ニンジン……1本
セロリ……2本
トマトコンサントレ……250g
白ワインヴィネガー……60〜80cc
ペルノー*……1本弱
白ワイン……2本
ジュ・ド・ヴォライユ……200cc
ブーケ・ガルニ……1束

キャベツ……1/2個
白インゲン豆*……250g
ニンニク（みじん切り）……1/2株
オリーブ油……大さじ3
パセリ（みじん切り）……ひとつかみ
塩、黒コショウ
グレスドワ、オリーブ油
パルミジャーノ（すりおろし）、パン粉……少量

*フランスでメジャーなアニスリキュール。
*水に浸けてもどしたインゲン豆250gを、ミルポワ、ブーケ・ガルニを入れた水で20分煮たもの。

1 トリップを冷水でよく洗い、水から40分ほどゆでる。
＊最初に出てきたアクはとるが、そのあとはアクが出てもあまりとらずに香りを残す。

2 ザルにあけ、水気をきる。しばらくおいて冷ます。

3 7mm幅ぐらいに切り揃える。

4 タマネギ、ニンジン、セロリを1.5cm角ぐらいのペイザンヌに切る。

5
鍋にグレスドワを多めに入れて火にかける。4の野菜を入れ、スュエする。
*豚の脂などがあれば、加える。

6
野菜に8割がた火が入ったら、3のトリップを加え、全体を混ぜる。
*油が足りなければグレスドワを加える。

7
トマトコンサントレを加え、混ぜて全体に行き渡らせる。
*トリップにはトマトピューレでは弱い。煮詰まって味が凝縮したトマトコンサレを使う。

8
白ワインヴィネガーを加えて酸をとばす。ペルノーを注ぎ入れ、アルコールをとばしてから軽く煮詰める。
*ヴィネガーを加えることで味にキレが出る。

9
白ワインも加え、いったん沸騰させる。
*酒でトリップを煮るという感じ。アルコールによってトリップのクセが旨みに変わってくる。

10
ジュ・ド・ヴォライユを加え、ふたをしてミジョテの状態を保ちながら1時間〜1時間半煮る。途中でブーケ・ガルニを加える。

11
1時間半後の状態。トリップを食べてみて、柔らかくなっているかを確認する。

12
キャベツを2cm角ぐらいのペイザンヌに切る。フライパンにオリーブ油とグレスドワを熱し、キャベツを加える。塩、黒コショウをし、油をなじませるように軽く炒める。

13
キャベツを11に入れ、白インゲン豆も加えて10分ほど煮る。塩、黒コショウで味をととのえる。

14
ニンニクをオリーブ油でキツネ色になるまで煮る。13に加えて混ぜ、パセリを加える。
*作ってすぐより、しばらくねかせることで酸味がまろやかになり、旨みが出てくる。

15
提供時。耐熱皿にトリップの煮込みを入れ、パルミジャーノとパン粉をふる。サラマンドルで表面をグラティネする。

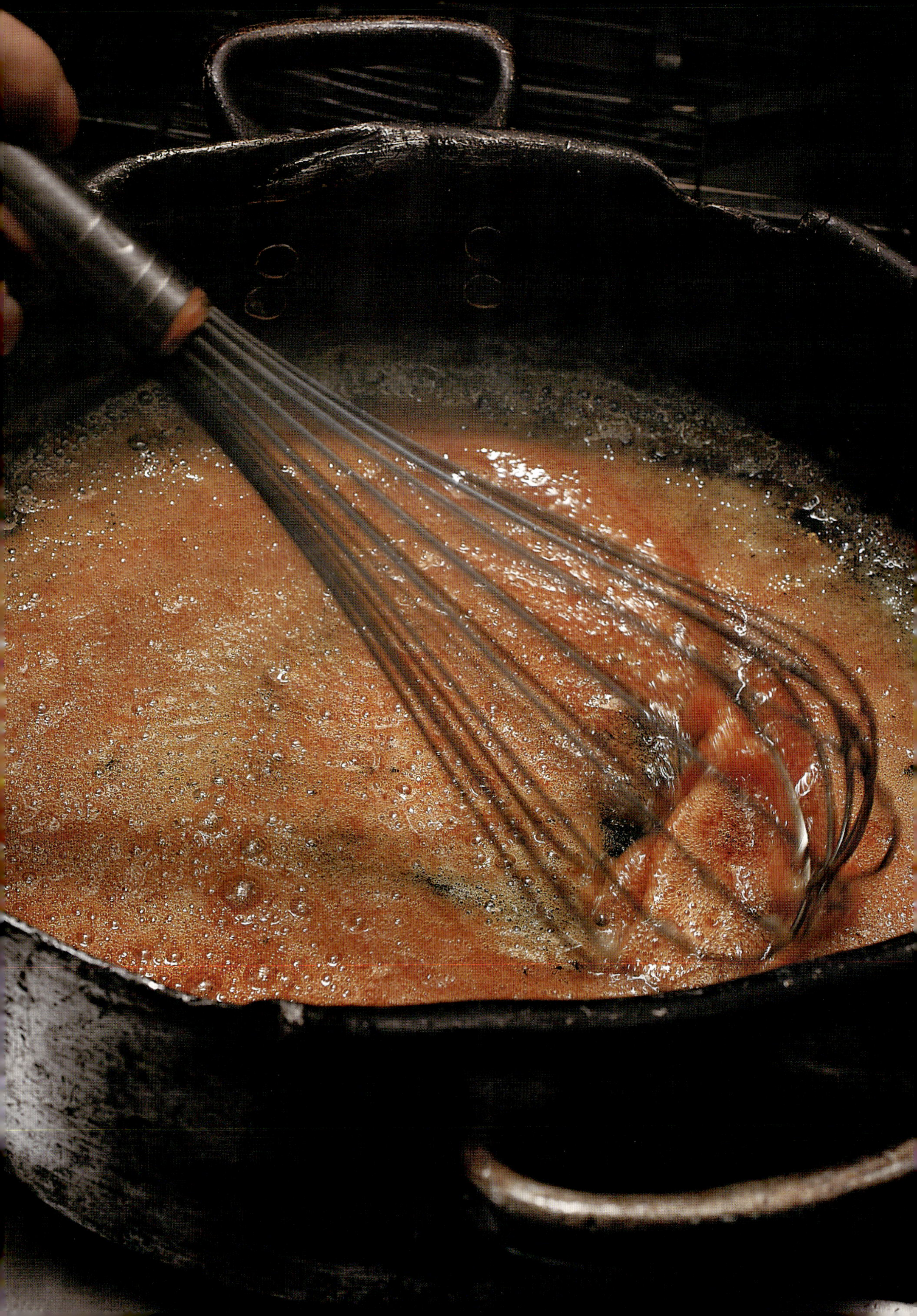

Desserts
デザート

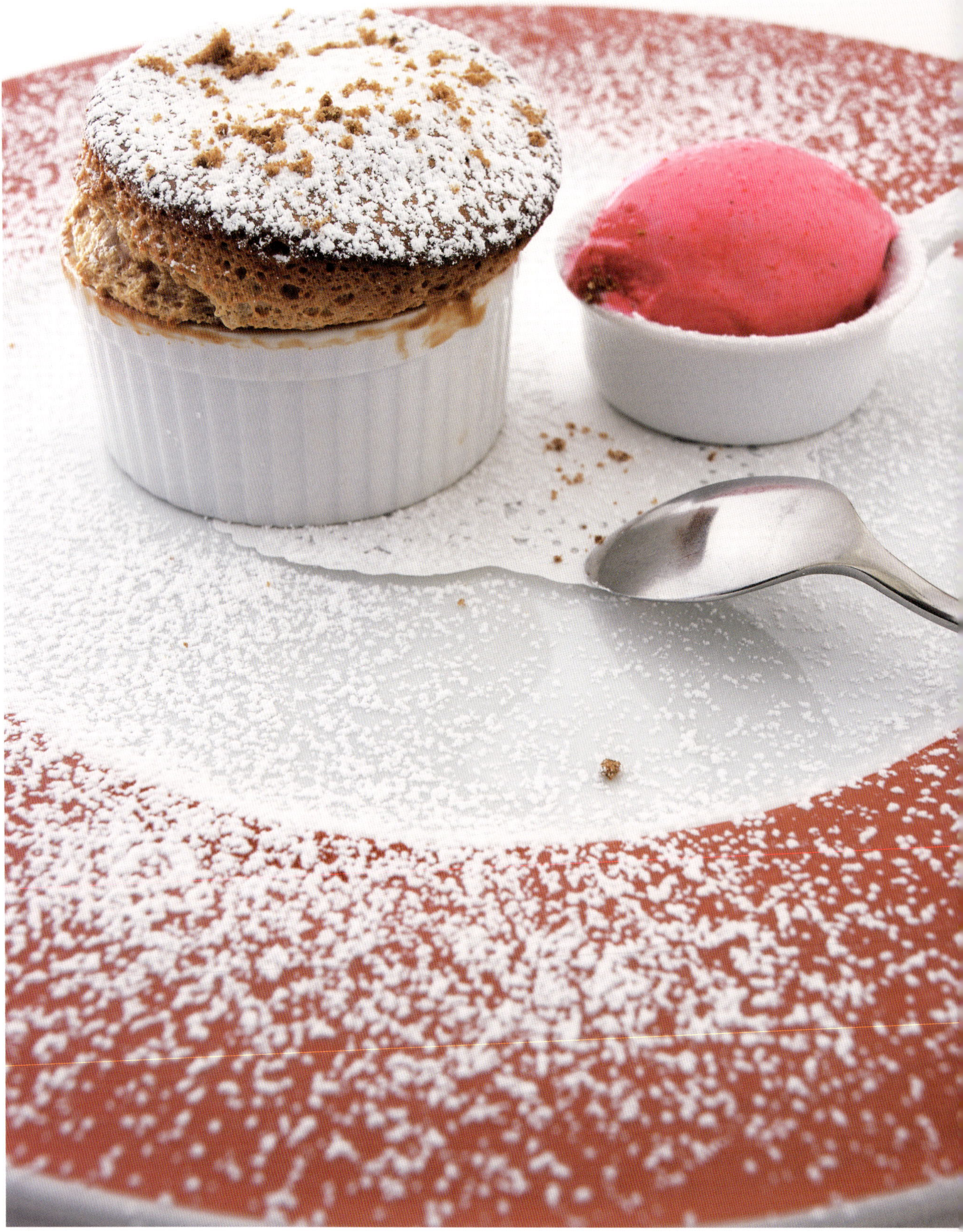

黒糖のスフレ、ビーツのアイスクリーム添え
Soufflé au "Kokuto", glace de betterave

スフレはフランス料理らしいデザート。ヴァニラ、ショコラ、マロン、レモンとグランマルニエなど、さまざまなバリエーションで仕立てていて、この黒糖のスフレは10年ぐらい前から作っているもの。メレンゲを黒糖で作り、スフレ生地には黒糖の泡盛も加えてコクと香りをプラス。また、塩と黒コショウを隠し味に少々。お菓子屋さんのスフレは甘いけれど、レストランのデザートにはこんなスフレがあってもいいと思う。なお、黒糖のコクに合わせるのは、色鮮やかなビーツのアイスクリーム。さわらの料理(p88)にも使った甘酢で煮たビーツをアングレーズに加え、赤ワインヴィネガーと黒コショウを加えてインパクトを持たせている。

材料

スフレ生地[6人分]
黒糖のパティシエール……175g(以下から取り出す)
- 卵黄……3個
- 黒糖……75g
- 薄力粉……35g
- 牛乳……250cc

卵白……150g
黒糖……50g
黒糖泡盛……小さじ4〜5(好みで)
片栗粉……3g
塩、黒コショウ

ビーツのアイスクリーム[8人分]
- 卵黄……3個
- グラニュー糖……85g
- 牛乳……250cc
- ビーツの甘酢煮*……75g
- 赤ワインヴィネガー……25cc
- 生クリーム……25cc
- 塩、黒コショウ

*ビーツをざに切り、甘酢で煮たもの(p89)。

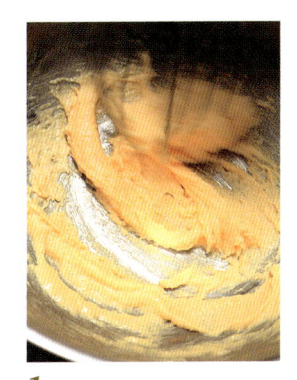

1 ビーツのアイスクリームを作る。卵黄とグラニュー糖をボウルに入れ、泡立て器ですり混ぜる。

2 牛乳を沸騰直前まで沸かし、1に少しずつ加えてよく混ぜる。いったん漉す。

3 鍋に移し、焦げないようにヘラで混ぜながら火にかけてクレーム・アングレーズを炊く。

4 写真のようにとろみがつくまで加熱したら、漉す。氷水にあてて粗熱をとる。

5
ビーツのヴィネグレット、赤ワインヴィネガー、生クリームを加えて混ぜる。軽く塩と黒コショウをふり、味をととのえる。

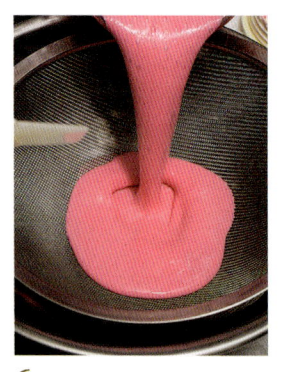

6
ミキサーにかけてなめらかにし、ていねいに漉す。

7
アイスクリームマシンにかけ、冷凍庫で保存する。

8
スフレ生地を作る。ボウルに卵黄と黒糖を入れ、泡立て器ですり混ぜる。

9
薄力粉をふるい入れ、泡立て器で混ぜる。温めた牛乳を少しずつ加えながら混ぜ、なめらかになったら漉す。

10
鍋に移して火にかけ、ヘラで混ぜながらしっかり炊いていく。

11
写真のようにぽったり落ちるぐらいまで炊いたら、ボウルに移して氷水にあて、粗熱をとる。黒糖のパティシエールの完成。

12
ボウルに卵白を入れてコシを切るようにほぐす。黒糖を数回に分けて加えながら泡立て、メレンゲを作る。

13
11の黒糖のパティシエールのうち175gをボウルに取り、ほぐす。黒糖泡盛と片栗粉、塩、黒コショウを加えて混ぜる。12のメレンゲを1/3量ほど加え、よく混ぜ合わせる。

14
メレンゲを再度1/3量ほど加え、底からすくうようにしてよくなじませる。残りのメレンゲも加えて泡が消えないように混ぜる。スフレ生地の完成。

15
ココットの内側にバターをぬり、グラニュー糖（分量外）をふる。スフレ生地をココットいっぱいに入れて表面を平らにならす。200℃のオーブンで12分ほど焼く。

◎ **仕上げ**

スフレが焼き上がったらすぐに皿に盛り、全体に粉糖をふる。ビーツのアイスクリームを添えてすぐに提供する。

ブランマンジェ、キャラメルのアイスクリーム添え
Blanc-manger, glace au caramel

ブランマンジェ、キャラメルのアイスクリーム添え
Blanc-manger, glace au caramel

イル・プルー・シュル・ラ・セーヌの弓田亨さんが作るブランマンジェがおいしくて、
彼の作り方を参考にしながら、自分なりにアレンジを重ねてきた一皿。
ポイントはアンフュゼしたアーモンドスライスのエッセンスをしっかり絞ること。
基本的なことだが、こうするとアーモンドの香りがいっそう鮮烈に感じられる。
また、テーブルに運ぶまでに崩れてしまうのでは、というぐらいギリギリの柔らかさに仕上げるのも、
このブランマンジェの特徴だ。これと相性がいいのが、キャラメルのアイスクリーム。
こちらのポイントは砂糖をしっかり焦がして苦いぐらいのキャラメルを作ること。それだけ。
つるんとなめらかなブランマンジェに苦いキャラメルアイス。シンプルだが、意味なく旨い。

材料 [1人分]

ブランマンジェ [直径4cmのカップ10個分]
- 牛乳……400cc
- アーモンドスライス(生)……200g
- サワークリーム……50g
- グラニュー糖……75g
- シロップ
  - 水……100cc
  - グラニュー糖……75g
- 板ゼラチン……1.5枚(6g)
- 牛乳……120cc
- 生クリーム……20cc

*板ゼラチンは冷水につけてふやかしておく。

キャラメルアイスクリーム [約20人分]
- キャラメル
  - グラニュー糖……350g
  - 水……150cc
- 生クリーム……150cc
- バター……30g
- 牛乳……1ℓ
- 卵黄……12個分
- グラニュー糖……150g

1 ブランマンジェを作る。牛乳を火にかけ、沸いてきたらアーモンドスライスを入れる。

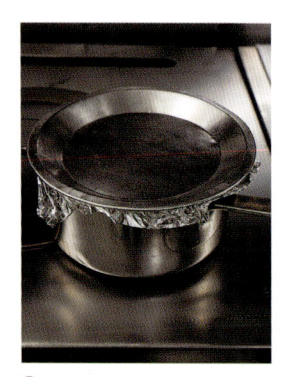

2 鍋にふたをし、わずかに沸くぐらいの火加減にして20分ほど煮出す。

3 水とグラニュー糖を火にかけ、シロップを作る。冷ましたら、水気をきったゼラチンを加えて溶かしておく。

4 20分ほど煮出して充分に風味が移ったら、サワークリームとグラニュー糖を加えて混ぜる。

5
先に3のゼラチン液をシノワで漉し、そこに4を入れてアーモンドをしっかり押しつぶしながら漉す。

6
漉した液体のうち470gをボウルに取り出し、氷水にあてて時々混ぜながら冷ましていく。

7
粗熱がとれたら牛乳と生クリームを加え、とろみがつくまで混ぜながら冷やす。
＊生クリームは泡立てずに加える。

8
とろみがついたらカップに入れ、冷蔵庫で冷やす。
＊形を保つぎりぎりの固さに仕上がるのが理想。

9
キャラメルのアイスクリームを作る。鍋にグラニュー糖と水を入れて沸かし、時々泡立て器で混ぜながら焦がしていく。

10
茶色に色づいても、もうひと息焦がすつもりでじっくりと。皿などにとって色を確認する。
＊しっかり焦がしてキャラメルの風味を強調する。

11
火を止め、生クリームとバターを加えて混ぜる。軽く温めた牛乳も加え、キャラメルを溶かし込むようによく混ぜる。
＊生クリームとバターでコクをプラスする。

12
卵黄をハンドミキサーでほぐし、グラニュー糖を加えて混ぜる。

13
グラニュー糖がなじんだら11のキャラメルを加え、ミキサーボウルに移す。キャラメルがなじむまで混ぜる。アイスクリームマシンにかける。

> ◎ソース
> ソース・アングレーズ。卵黄とグラニュー糖を白っぽくなるまで泡立て器ですり混ぜ、沸騰直前まで沸かした牛乳を少しずつ加えて混ぜる。鍋に移し、軽くとろみがつくまで煮る。氷水にあてて冷まし、キルシュを加える。
>
> ◎仕上げ
> 皿にブランマンジェを盛り、ソースを流す。キャラメルのアイスクリームを添える。

バナナのパルフェ、オレンジのテュイル
Parfait à la banane, tuile d'orange

たっぷりのバナナで作るパルフェは、ラ・ブランシュの定番デザート。
全体は冷たくてとろーり。ねっとりなめらかな中に、時々スライスした
フレッシュのバナナが顔を出す。パルフェのベースになるバナナのピュレには
レモンをたっぷり搾り、バナナの甘みを強調しつつあと口を爽やかに仕上げる。
まさに丸ごとバナナ、という感じのパルフェには、香ばしく焼いた
オレンジ風味のテュイルを添えて、触感と香りのアクセントに。

材料 [約15人分]

バナナ……900g
レモン汁……5〜6個分
全卵……1個
卵黄……3個分
シロップ
　水……60cc
　グラニュー糖……120g
生クリーム……400cc
グラニュー糖……150g

1 バナナのうち450gを厚さ2〜3mmにスライスし、冷凍しておく。
＊バナナを冷凍するのは作業性のため。パルフェが早く冷えるので、朝作って昼に提供できる。

2 残りのバナナを適宜の大きさに切り、ミキサーに入れる。レモン汁も加え、なめらかなピュレ状になるまで回す。
＊たっぷりのレモン汁で酸味をプラスする。

3 ミキサーボウルに全卵と卵黄を入れて攪拌し、118℃まで沸かしたシロップを少しずつ加える。白くもったりするまでよく混ぜる。

4 1のバナナを凍ったまま加え、ヘラで全体を混ぜる。

5 2のバナナのピュレを加え、ていねいに混ぜる。

6 生クリームとグラニュー糖を8分立てぐらいに泡立てる。まず少量を5に加え、ざっくり混ぜる。

7 6を生クリームのボウルに移し、底から返すように混ぜる。冷凍庫で冷やす。

◎ **付合せ**
ボウルにカソナード、粉糖、薄力粉各100gを入れて混ぜる。オレンジジュース100ccと溶しバター100gを加え、なめらかになるまで混ぜたら1時間ほどねかせる。オーブンシートにできるだけ薄くのばし（写真）、冷蔵庫で締めてから180℃のオーブンで約5分焼く。

◎ **盛り付け**
皿にバナナのパルフェを盛り、適当な大きさに割ったテュイルを添える。

桃のコンポート、パッションフルーツ風味、ミントのグラニテ添え

Compote de pêche au fruit de la passion, granité de menthe

桃以外にもアンズ、イチジク、洋ナシ、リンゴ……季節ごとにさまざまなコンポートを作っている。コンポートはすっぴんの人間に何かをまとわせ、さらに魅力的にしてあげるようなイメージ。フルーツの本来の味わいに、たとえば優雅さやぜいたく感、気品……そんなドレスを着せてあげなければいけないと意識している。
ここで使った桃は、僕のふるさと福島のあかつきという品種。酸味と甘みを備えていて、周りは白いのに赤みを帯びた果肉は、切り分けた時に目にも楽しい。
ポイントはパッションフルーツ。そのエキゾチックな風味と桃の芳醇さが合う。

材料 [5人分]

桃（あかつき*）……5個
シロップ
- 水……1ℓ
- 白ワイン（辛口）……300cc
- グラニュー糖……300g
- ミント……ひとつかみ
- 岩塩……ごく少量
- レモン汁……5個分

*あかつきは中が赤いのが特徴。川中島や黄桃で作っても、それぞれにおいしさがある。

1
煮立てたお湯に桃を入れ、皮をむいておく。
*皮はあとで使うので取りおく。

2
シロップを作る。鍋に水、白ワイン、グラニュー糖を入れて火にかけ、砂糖が溶けたら火を止め、ミントと岩塩を加えてアンフュゼする。
*岩塩を入れることで味が締まる。

3
ミントの香りがしっかり出たら、レモン汁を加える。

4
シロップに桃を入れ、ミントを少し足す。紙ぶたをして、ごく弱火で静かに煮る。
*"追いがつお"の感覚でミントを追加して香りをプラスする。

5
5分ほど経ったら桃の上下を返し、再び紙ぶたをしてさらに5分煮る。

6
竹串などを刺して、柔らかさを確認する。ボウルやバット（氷水にあてる）に茎を下にして移し、シロップを漉し入れる。1でむいた桃の皮も加え、粗熱をとる。
*皮も一緒に浸けて香りをプラスする。

◎ **グラニテ2種**
- パッションフルーツのグラニテ。シロップ200ccとレモン汁1個分を混ぜ合わせ、パッションフルーツのジュース300ccを加えて混ぜる。凍らせて粗く砕く。
- ミントのグラニテ。シロップ1ℓにミントを2つかみほど加え、1分ほど煮たら火を止めてアンフュゼする。粗熱がとれたら凍らせて粗く砕く。

◎ **仕上げ**
パッションフルーツのグラニテと果肉を混ぜて皿に敷き、その上に桃のコンポートをのせる。コンポートのシロップをかけ、ミントのグラニテをのせる。ミントを散らす。

お客さんに出した時にベストな状態になるよう、逆算してサービスごとに焼き上げる。サイズが大きいとパンだけでおなかいっぱいになってしまうし、料理とのバランスやちぎりやすさなども考え、だんだん小さくしてきた。今は5cmほど。

ラ・ブランシュのパン

　店でパンを焼いてみようと思ったのは、ソバ粉のパンをもらったのがきっかけ。素朴で香りがあって、こういうパンがうちにもあったらいいな、と思った。もう16〜17年前のこと。当時はまだパンを自家製するレストランは少なくて、餅は餅屋、プロに任せるという店が多かったけれど、僕たちは料理以外にお菓子だって作るんだから、パンを作ったっていいじゃないか。世の中においしいパンはたくさんあれど、レストランでしか食べられない、この店らしいパンがあってもいいんじゃない？　そう思ったのだ。

　イメージは、バゲットほど目が粗くなくて、パン・ド・カンパーニュほどは目が詰まっていなくて……。「バゲットは料理を邪魔しない」と言うけど、パンだけで食べてもおいしい、主張するようなパンがあってもいいんじゃないか。バゲットと併用すればいいと思って、本を見たりしながら作り始めた。

　ところが、最初は全然思うようにできなくて、ガチガチに固くなってばかり。ダメにした生地は粉で40kg以上。失敗したパンを持って帰るんだけど、連日のことだからさすがにイヤになって、もう捨ててしまえとゴミ箱を見たら、スタッフに渡したぶんが入っていたりして……（苦笑）。

　自分は1回でできるような人間じゃないから、失

パンを作り始めた理由のひとつは「店がヒマだったから。自分や店のテンションを上げるためにもいろいろやらないとと思って」。リエット用のパン・ド・カンパーニュとチーズ用のパンも、もちろん自家製だ。「うちのリエットは味が濃厚だから、カンパーニュも目の詰まったしっかりしたものに。チーズはクルミやレーズンがたくさん入ったパンと一緒に食べたいなぁと僕自身が思うから。自分本位で考えているんだよね（笑）」。

敗すること自体は悔しくない。それより諦めるほうがイヤだから、なんとかイメージに近づけようと粉を増やしたり、水を減らしたり、それこそ絶対ありえないということもやってみて。1カ月後に、ようやくイメージに近いパンが焼けた時の嬉しかったこと！　汗と涙の結晶だったね。

　それ以降もソバ粉を入れてみたり、全粒粉を加えたりとマイナーチェンジを重ねて、ここ数年は今のアーモンドを入れたものに落ち着いている。というのも、うちはデザートのブランマンジェ（p125）を作る時に、牛乳で煮出したあとのアーモンドが残る。これを何か使えないかと、フードプロセッサーで粗めにきざんでパン生地に入れてみたら、大正解。普通のアーモンドだと食事用のパンとしては香りが強すぎるんだけど、ブランマンジェに使ったあとのアーモンドなら、香りはあるけど主張しすぎず、甘みもほんのりある。自分で言うのもなんだけど、このパンはヒットだと思う。

　パンは毎日、昼夜のサービスごとの仕事。お客さんが来る時間からさかのぼって焼き上げる。イワシとジャガイモの重ね焼き（p13）もそうだけど、いったん作り始めると自分のベースに立ち返れるというか、自分をニュートラルな状態に戻してくれる。このパンもそんな存在だ。

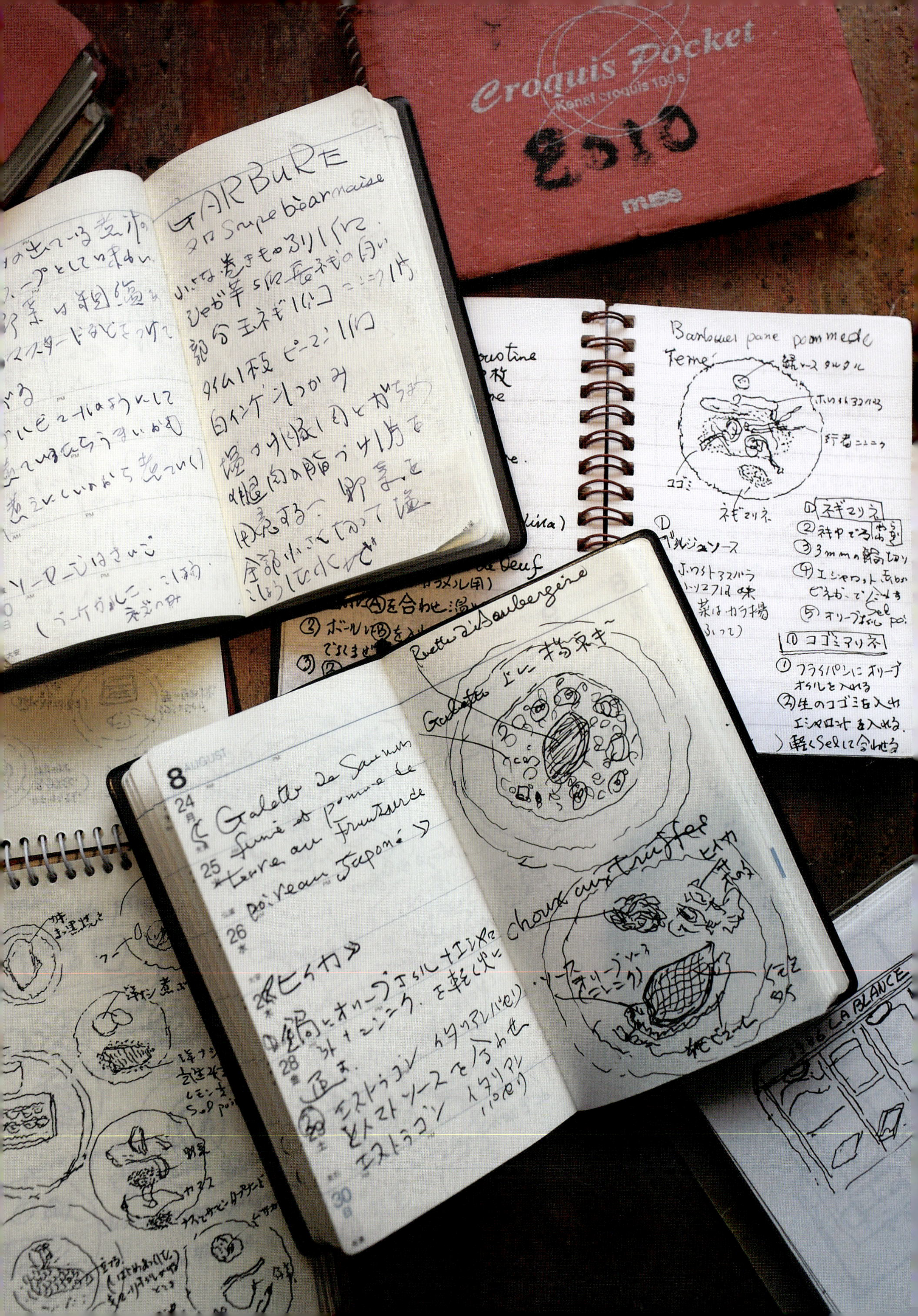

Croquis Pocket
2010
muse
GARBURE
AUGUST
8

田代和久が語る

料理人として、オーナーシェフとして

こうして料理を作ってきた

一国一城の主になる

　高校生のころには「組織の中で働くのは向いていない」と自覚していて、将来は料理や遺跡発掘の仕事がいい、なんて思っていた。集団の中で人と折り合いをつけることが苦手だから、サラリーマンになって他人と熾烈な戦いをするなんて無理、「一国一城の主をめざそう」と考えていた。

　もともと僕は食い意地が張っていて、大好きなカレーは3杯は食べないと満足できない大食漢。「料理なら食いっぱぐれることはない！」と思って高校卒業後に上京して専門学校に入った。

　専門学校を出て初めて働いたのが、竹橋の毎日新聞社のビルにあった「カーディナル」というレストラン。ビーフシチューやピラフがおいしい洋食屋さん。ここではとにかく怒られてね。皿洗いのおばちゃんに「こんなに怒られるのは田代くんぐらいだよ」と言われるほど、毎日バッシバッシやられた（笑）。お客さんの前でもお構いなしで悔しかったけど、当時のシェフの作る料理が本当に旨かったから「二番になるまでは辞めない」と思って3年ほど働いた。次第に認めてもらい、辞める時には次の店を紹介してもらうまでになった。

　その後、24歳で銀座のフランス料理店「ブリアン」へ。ここはソール・ボンファムやコンソメなどトラディショナルな料理がおいしかった。当時のシェフはフランス帰りだったし、先輩たちもレベルが高くてね。調理場が上下に分かれていて、見習いの自分がいる仕込み場は下なんだけど、上のオーブン前に並んで仕事するのが夢だった。

　この修業時代に、自分の不器用さをひしひしと思い知らされた。カーディナルでもブリアンでも、自分よりあとから入った人のほうが先にできるようになるわけ。今でもよく覚えているのがカーディナル時代のピラフ。40㎝の大きなフライパンで米をあおるんだけど、何度やってもこぼれてしまう。悔しくて、毎晩寮の近くの公園でフライパンに砂を入れて振ってみるんだけど、なかなかできなくて。1カ月後にふと「あ、膝を使うんだ。膝と腰と腕のバランスなんだ！」とコツがわかった時は、まるで初めて自転車に乗れた時のように嬉しかった。「自分もやればできる」と思うと同時に「やっぱり自分は人の倍やらないとダメだ」ということも痛感させられた。

　情けない、悔しい思いもたくさんしたけど、それでも料理を辞めなかったのは「自分は、味覚の点では劣っていないんじゃないか」と感じていたから。たとえば、先輩が作ったものをちょっと舐めて「○○が足りない。こうしたほうがいいのでは？」と思っていると、シェフが同じように直したりする。なんとか頑張れたのは、その1点が自分の大きなより所になっていたからだ。

　そのあと、吉祥寺の「オオサワ」という洋菓子店でも1年間働いた。以前から出勤前の早朝だけスタジエをしていたんだけど、同じ時間帯しかないから、毎日似た仕事ばかり。見かねた親父さんが「それだとパイもジェノワーズも覚えられないから、1年うちに来てお菓子やらないか」と声をかけてくれた。なぜ菓子店かって、僕は一国一城の主になる、と料理の道に入ったから。どんな小さな店でも、それこそ屋台を引いてでも自分の店を、と思っていたから「何でも覚えなくては」と。人より遅れているという意識もあったから、貪欲に吸収してやろうと必死だった。オオサワの親父

さんはガンガン仕事をする「まさに職人」で、その清々しい姿は今も目に焼きついている。

フランス料理に目覚めた

フランスに渡ったのは1979年、29歳だった。福島から東京に出てくる時もドキドキだったから、フランスに行くのは本当に不安で……。

フランスに行こうと思ったのは、自分の店を持つ前に本場のフランス料理を見たいと思ったから。自分ではフランス料理を作っているつもりだったけど、当時の日本ではシャンピニオン・ド・パリは水煮だし、フレッシュのトリュフやフォワグラは手に入らない。本には「トリュフは松露」「テュルボはオヒョウ」なんて書いてあるけど、本当にそうなのかな？　本物を知らないでフランス料理店を開いてもいいのかな？　フランスで働く先輩もいたから「あわよくば自分も」という気持ちもあったけど、自分は店を出すのが目標であって修業まではしなくていいんじゃないか、それよりまずは本物を食べてみなければと。それまで貯めた全財産80万円を持って、食事代で使い果たすつもりで飛び立った。

ところが、いざパリに着いたら空港で早くも言葉が通じない。これはフランス語を勉強しなきゃ、と語学学校に入ったら、僕の後ろに座っていたのが吉野　建さん（ステラマリス／タテルヨシノ）だった。彼がフランスに渡って初めて知り合った日本人。この出会いが僕の転機になった。

お互い料理人とわかり、一緒に過ごすようになって強烈に感じたのが、吉野さんのあふれるフランス料理への情熱だった。「こういうものを勉強したい」「何でも吸収してやる」という熱い思い。僕だってそういう思いは持っていたつもりだったが、もっと大きなエネルギーがバンバン伝わってきた。

「オレも、やるぞ」

吉野さんの情熱に引っ張られるように、そこで自分にスイッチが入った。実際に吉野さんを通じて店を紹介してもらい、フランスのレストランで働き始めた。日本でも自分なりに勉強していたつもりだったけど、「もっともっとやらなきゃダメだ」。この時、本当の意味で自分の料理人人生がスタートしたんだと思う。

フランスでは「バリエル・ニュイイ」「ルー・ランデ」「ギィ・サヴォワ」などいくつかの店で働いた。最初のころはテーブル番号を数えるのもやっとで毎晩1から100まで数える練習をした。言葉も仕事も慣れないから、ちょっとしたことでフランス人とぶつかることも多かった。「フランス人はろくでもない」と敵対心をむき出しにしていた時もあったけど、今思えば、そうやって鎧をかぶって必死に自分を防御していたんだね。

とはいえ、初めて見る素材を手にした時は震えたし、フランボワーズはなんておいしいんだろう。肉も焼いただけで旨い。「ルー・ランデ」のマダムのような素敵な人との出会いもあったし、「ギィ・サヴォワ」の仕事も素晴らしかった。労働許可証をとってくれたパリ郊外の店は、イノシシ一頭が冷蔵庫にぶらさがっている、そのスケール感に驚かされて。何よりも、いつも一緒にいて料理ことばかり語り合っていた吉野さんをはじめ、そのあと知り合った帰山浩司さん（かえりやま）や渡辺芳正さん（カルトポスタル）など、すごい熱意で

働いていた日本人の存在が自分にとっては大きかった。彼ら意識の高い日本人の仲間から「もっとやらなきゃ！」と刺激を受けたし、それは自分にとってかけがいのない経験だった。

「ラ・ブランシュ」オープン

　帰国後、葉山にあった「ル・スリール」や市ヶ谷の「ビストロサカナザ」などで働き、当時、銀座「ベル・フランス」のシェフだった石神和人さんの紹介で「レザンドール」のシェフを3年勤めた。その後、そろそろ次のステップへ、と休みのたびに物件を見て回った。場所はどこでもよかったけど、「大通りから1本入った並木道」ということだけは決めていて、40軒ほど見て気に入ったのが今の場所だった。「いいなぁ」と思ってその場で30万の手付けを打ってしまった。「たとえ資金が調達できなくても、1ヵ月だけでも自分の夢をかなえられたと思えばいい」。家に帰って「店を決めてきたよ」。それからお金の算段をして。自己資金は300万しかない。知人数人に保証人になってもらってなんとか金融公庫からお金を借り、内装もなんとかレストランぽく整えて、1986年2月9日、「ラ・ブランシュ」をオープンした。

　ラ・ブランシュ La Blanche という店名には「初心の、真っ白な気持ちで」という思いを込めた。35歳。同世代のシェフの中では早い独立だったと思う。

　幸い、オープンからお客さんがゼロの日は一度もなかった。近くに住んでいた年配のご夫婦が毎日来てくれたから。でも、3ヵ月で運転資金がゼロになった。どうしようか。業者の人には「半年待ってほしい。もしダメなら切ってくれ」とお願いして。みんな快く待ってくれた。

　店を出した時点で「どんなことがあっても1年は毎日築地に行く」と決めていたから、うっかりフォンの鍋に足を突っ込んで大ヤケドした日も、休まずに通い続けた。このままでは店はつぶれるかもしれないけど、タラタラやってつぶれたらそれこそ応援してくれる人に申し訳が立たない。食材の勉強にもなるし、とにかく前日の売上げ金を持って築地に向かって。

　でも売上げが少ないから、思うにまかせて買うことはできない。「どうせ買わないんだろう。邪魔だ」なんて言われたこともあったけど、こっちも必死だから悔しいなんて思っていられないの。1箱いくら、というものがあっても「あっちの店にもあるかもしれないから」と目を離したすきに売れて後悔したり。いつか値段を見ずに買いたいと思ったよ。そういう箱でいくらという雑魚の中に「おいしいな」という魚があった。イサキ、アイナメ、カマス……そういう素材に出会って、少しずつ料理の方向が変わっていった。

　そうなると料理への迷いが出てくる。オープン当初はパテやブーダン、フロマージュ・ド・テート、ラタトゥイユなど、フランスのトラディショナルなビストロ料理を作っていたんだけど、なんか違う。何回も作っているものなのに魂が入っていない気がする。

　それまで「自分はフランス料理を作らないといけない」「フランス人の意識でやっていく」と思っていたけど、築地でいろいろな魚や野菜を知り、それらを使って新しい料理を作ってみたいという気持ちが芽生えているから、それまでの料理で

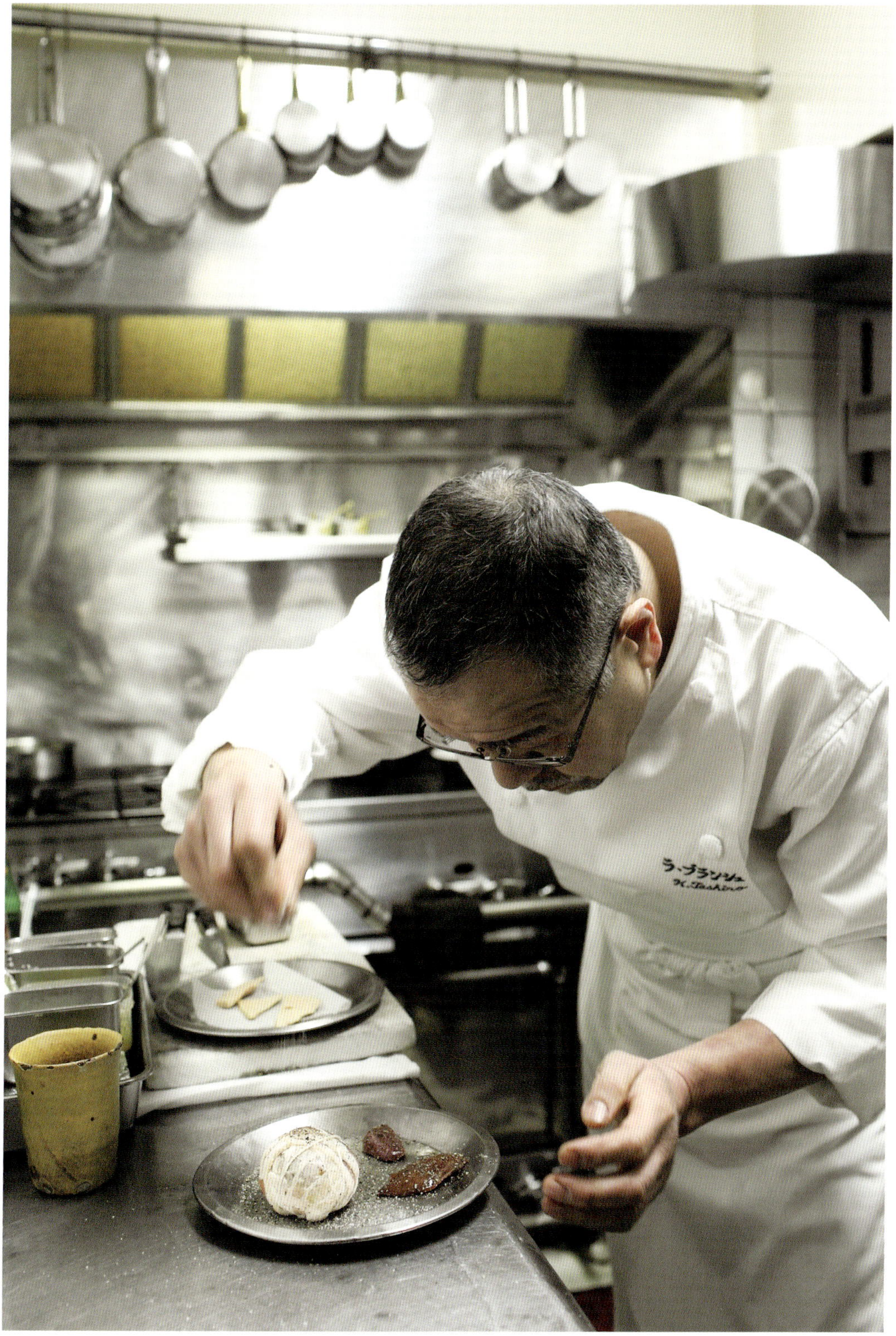
ラ・ブランシュ

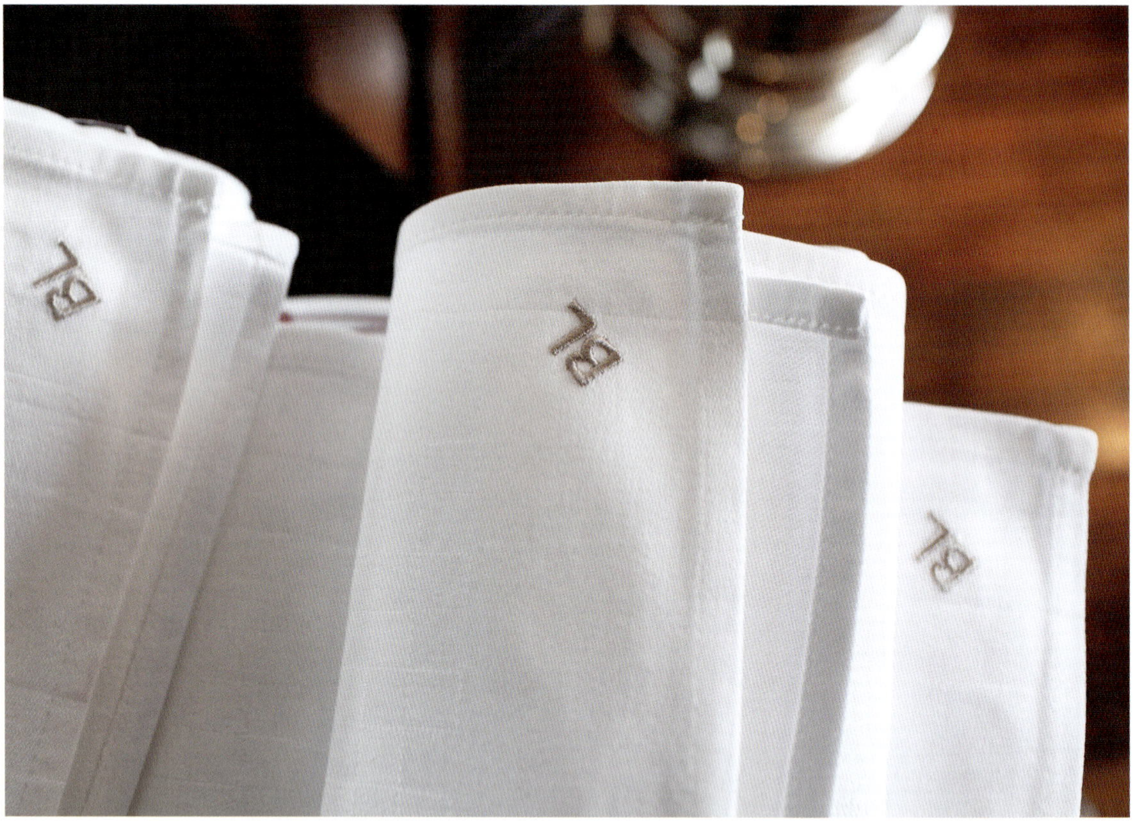

は正直、もの足りなくなってきた。毎日来てくれるお客さんのために、今日は何を作ろうかと考えたい——そんな思いを抑え切れなくなっていた。

次第に「フランスにいたといってもたかだか3年。3年でお前、フランスの何がわかったのか」と思い始めて。子供のころから味噌汁、お新香で培ってきたナチュラルな味覚を捨てているじゃないか。だから料理がしっくりこないんだよ、と。

そんな時に出版社から「本を出さないか」と声をかけられた。「僕はもうフランス料理を作っていないかもしれないから、フランス料理の本は作れない」と断ったんだけど、思い直して知人に店を任せ、家内とフランスに飛び立った。現地の知り合いに繁盛店を聞き、昼夜食べ続けて。「おいしいと思えたらフランス料理をやれるんじゃないか」。そうして食べたら、旨かった。「自分の中で"これは旨い"と思えるものを作っていけばいいんだ」と思ったら、家の裏の竹やぶやふきの葉で飲んだ水など、子供の時の記憶が浮かんできた。自分はこういうものを大事にして、でも心はフランス料理を意識しながら作っていこう。そう覚悟したら、すっと肩の力が抜けて。「これでやっていけるかもしれない」そう思うことができた。

こうしてなんとか進む道が見えてきたのだけど、今思うと、本当にたくさんの人に助けられた。

近所の語学学校のフランス人の先生は、ブーダン・ノワールや田舎風サラダなどが懐かしかったのか、週に2～3回は生徒や友達を連れて来てくれた。彼らのフランス語は店の雰囲気を作ってくれたし、帰りには次の予約を入れてくれて。彼らに出会って、フランスがまた好きになった。

また、近くにあった「ポワロー」のオーナーとシェフには感謝してもしきれない。ポワローは夜2回転する繁盛店で、ものすごい忙しいのに、入りきれないお客さんにうちのチラシを渡してくれたり、わざわざ「田代さんのとこ空いてる？」と電話で紹介してくれて。なかなかできることじゃない。その時のお客さんの中には、今もうちに来てくれている方もいる。

ほかにも、僕が店をやりたいのを知って、金融公庫を紹介してくれた恩人（この人は今も毎年オープン日に花を贈ってくれる）。店を出す時に保証人になってくれた料理学校時代の友人たち。店のカーテンを作ってくれた同級生、最高の用紙を使って新聞用の折り込みチラシを2万部も作ってくれた親友、鍋や皿をくれた料理人仲間……本当に多くの人の世話になり、助けてもらった。このことはずっと忘れてはいけないと思っている。

こんなこともあった。築地から帰る途中、乗っていた中古バイクが皇居近くで動かなくなった。それが原因で渋滞になってしまって。警察官が来たんだけど、僕の姿と荷物とバイクを見て、「これからは気をつけて」と言っただけで何もお咎めなし。それだけ必死な顔をしていたんだと思う。

自分はいざとなったら屋台でもいい、リヤカー引いてやろうと思っていたから、店を構えるなんておまけみたいなもの。だから怖いものなんてなかった。夜中まで仕事が終わらなくて、店で仮眠して眠い目をこすって築地に行って、お金がないからと邪険に扱われたとしても明るかった。悲壮感がなかった。自分の店を持てた、ということが嬉しかったから。一国一城の主になるという夢が叶ったから。「青春をぶつけた！」という気持ちでいっぱいだったんだ。

手垢にまみれた料理

「田代さんのスペシャリテは何ですか？」と聞かれることがあって、その時には「ずっと作り続けているのはイワシとジャガイモの重ね焼きだったり、今の季節ならヤリイカのクールジェット詰めだったり……」と話すんだけど、そもそもスペシャリテって何だろう。

僕はスペシャリテなんてもともとないと思っている。自分が好きで「これいいなぁ」と思って作っている料理でも、お客さんが食べてくれて、しかも一度きりではなく繰り返しリクエストがあって、初めて作り続けることができる。いくら自分自身が気に入っていてもオーダーがなければ生き残れないし、逆にお客さんが気に入ったとしても、自分がその料理に飽きてしまったらそれは淘汰されてしまう。

つまり、スペシャリテとは「双方向」から生まれるもの。料理人とお客さんとキャッチボールしながら続いていくものが、いつしか店の定番料理になる。お客さんが育ててくれるわけで、とりわけ大切に、思いを込めて作らないといけない。

おもしろいのは、作り始めた当初はまったく人気がなかった料理でも、自分が好きで作り続けるうちに日の目を見る場合があること。僕の料理でいえば、タマネギのポタージュ (p26) や夏野菜のガスパチョ (p28) がそれで、自分では「これはいいぞ」と思って作るんだけど、最初は全然オーダーが入らなかった。それでも毎年、その季節がくると「よし、あれを作ろう」と作り始めてしまう。自分自身が食べたいものだから。そうやってしつこく続けていると、中には少しずつお客さんに浸透していくものがある。もちろん、それにはサービススタッフの貢献も大きい。

僕の場合、最初からすんなりうまくいった料理よりも、うまくいかずに失敗したり、何度もやり直して悔しい思いをしながら作ってきたもののほうが残っていく。「こういう味にしたい」という完成イメージはあるんだけど、そのためにどうすればいいのかわからず、一筋の光をたぐり寄せながら作るような……不思議だけど残っていくのはそういう料理。エジソンも言っているけど（笑）、諦めたらその時点で失敗になるけど、諦めず、最後形にできればそれは失敗じゃない。もがいてあがいて、息を吹きかけながら磨いていく。そんなふうに自分自身がどうしようもなく投影されてしまうもの……手垢にまみれた料理とでもいうのかな。そういうものがしつこく残る。

自分の中からじわじわ染み出てくるような、僕で言えば、子供の時に食べたきのこめしからシャモと黒米を組み合わせたり、川遊びの時にかじったキュウリからアマダイのキュウリソースが生まれたり、懐かしく思い出す味が自分らしい料理になっている。要は、自分に嘘をつかずに作っていれば、それが店の味、つまりスペシャリテになるんじゃないかな。

だからといって、いつも同じように作っていては古びていく。だから僕はあえてルセットを持たない。ルセットがなくても思い通りの味を作り出せる自分でありたいし、ルセットを持たないから、毎回新たな気持ちで素材に向き合い、「こんなふうだったかな？」「今年のタマネギは香りが穏やかだから、半分は炒めてみよう」などと考える。自分の意識を新鮮に保つことは大事だと思う。

奥様の美知子さんがマダムを務めていたころからメニューは手書きだった。今は田代シェフが昼と夜、各サービス前に書く。
愛用はぺんてるの筆ペン。書く順番は決まっていない。「今日は何を食べたいかな」。しばし考え、一気に書き上げる。

素材を見る、食べる、極める

　自分は不器用で技術では劣るけれど、味覚だけは他の人よりいいかもしれない。僕はこのことをお守りのようにして頑張ってきたところがある。そんな自分だから、何でも実際に食べるまではわからないと思っていて、本に書いてあることもいつも「本当かな？」と半ば信じていない。
「素材を極める」とか「素材と向き合う」とはよく言うけれど、そのベースには「見て、食べて感じること」があると思う。たとえば、フランス料理では当たり前のようにトマトをエモンデ（皮をむく）するけど、なぜ皮を捨ててしまうのか。トマトを何度も何度も食べるうちに、僕は皮もおいしいと思うようになった。表面は太陽があたるのだから、そこにおいしさがあるんじゃないか？　キクイモもそう。皮付きで食べてみると、中だけを食べるよりも香りを感じる。皮をむかずに使ったほうが、キクイモらしさを出せるのでは？

　食べなければわからないのは、調理前の素材だけじゃない。たとえば僕は、フュメ・ド・ポワソンをとったあとのミルポワも食べる。味が残っていれば、それは必要以上のミルポワを使っているということ。もっと薄くスライスしてもいいのでは、と考えるし、そうしてひとつずつ疑問を解消していくことで、ベストな味や方法に近づく。塩のふり方や加熱の仕方も同じ。じっくり素材を見て、食べて、向き合えば、どこに塩を多めにふ

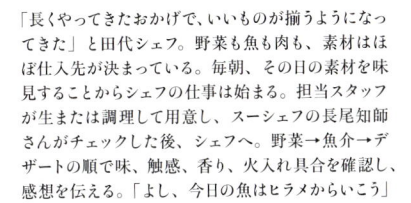

「長くやってきたおかげで、いいものが揃うようになってきた」と田代シェフ。野菜も魚も肉も、素材はほぼ仕入先が決まっている。毎朝、その日の素材を味見することからシェフの仕事は始まる。担当スタッフが生または調理して用意し、スーシェフの長尾知師さんがチェックした後、シェフへ。野菜→魚介→デザートの順で味、触感、香り、火入れ具合を確認し、感想を伝える。「よし、今日の魚はヒラメからいこう」

　るのか、どの部分から焼き始めるのか、ちょうどいいフライパンの大きさは……とおのずと答えが出る。そう、素材が教えてくれるのだ。
　だから僕はルセットを持たないし、素材もろくに見ないでグラムや配合ばかり気にする人を信用していない。素材は自然のものだから、その時々で大きさも違えば、味も固さも変わる。毎回真正面から向き合い、必死に食べて、どのようにすれば素材の力を発揮できるかを考えるしかない。
　これができるようになるには、日々素材を食べ込むこと。そこで感じたことを自分の中に蓄積していくことで、感覚は研ぎ澄まされていく。
　具体的には、「これから食べるぞ」と意識し、ぐーっと集中して食べること。考えごとなんかしていたらおいしかったかどうかもわからないし、ただ漫然と口に運ぶだけなら、それはつまみ食い。口に入れた時の印象は？　甘みと酸味のバランスは？　深みはあるか、旨みはどうか？　触感は？　香りは口の中でどう広がる？　5分後はどうか、30分後まで余韻はあるか──。ひたすら無心になって味覚だけに集中し、味を感じようとすること。これが味をみるということだ。
　これが身につけば、初めての食材でも食べた時に「あれと組み合わせたらどうか」と点と点が結びつくようになる。毎回うまくはいかないけど、バチッとハマった時はもう手放しで嬉しい。

ふるさと福島のこと

　春になると裏の竹やぶでタケノコを掘ったこと、山水をふきの葉で飲むとふきの香りがして、手で飲むと苔の香りがしたこと、日曜日の夜の油揚げを入れたカレーが大好物だったこと、隣の家で飼っていたヤギのミルクは沸かすと脂の膜ができるほどだったなぁ……昔のこういう話をすると、同じ福島県出身の「コートドール」の斉須（政雄）さんに「田代さんは、本当によく覚えているね」と感心されるんだけど、閉塞感から逃げ出したくて田舎を飛び出したくせに、子供のころに培った味覚や味の記憶で仕事をさせてもらっているのだから、自分でもまぁ不思議なものだと思う。

　僕が18歳まで過ごした福島県川俣町は、福島市内から車で30分ほど。浜通り、中通り、会津と大きく分けられる福島県の「中通り」に位置し、山に囲まれた盆地と言えばいいのかな。東隣は飯舘村で、川俣町もまた、山木屋地区が計画的避難区域に指定されている。

　言うまでもないが、2011年3月11日の震災で福島も大きな被害を受け、さらに東京電力の原発事故が追い討ちになった。3年が過ぎた今もまだ、本当に多くの人が苦しんでいる。

　幸い川俣に今も住む両親は無事で、大きな被害もなかったのだけど、なにぶん年老いた両親である。震災をきっかけに帰省する機会が増えたら、それまで以上にいろいろなことがよみがえってくるようになった。母の手料理を食べて「あぁ、こういうのもあったっけ」と思い出したり、銭湯に行った帰りに漂ってくる夕餉の香りに、ナスやカボチャの天ぷらを食べた夏の夕方のなんとも贅沢な気分を思い出したり……。

　地震は人間の力で制御できるものではないけれど、原発事故は人災だと今回の事故でよくよく思い知らされた。店で使っていた相馬や常磐沖の魚は禁漁になり、漁師さんも農家の方もみな苦しんでいる。福島で育った人間として本当にかなしくて、悔しい。そしてタケノコ、山菜、キノコ、山水を飲むとか……こういう僕にとってふるさとの原体験が全部ダメになってしまった。子供のころに当たり前だと思っていたことは、なんと贅沢なものだったのか。自分たちは貧しいと思っていたけど、ちっとも貧しくなかったんだと、くしくも今回の事故で気づかされた。

　一方、僕自身が震災後に炊き出しなどに参加する中で思ったのは、これまで通り、ふるさとに思いを込めて作っていこうということ。震災1カ月後に、それまで取り引きしていた相馬港での炊き出しでガルビュール（p36）を作ったら、全部流されてしまった2人の料理人から「もうやめようと思っていたけど、このスープを食べて、もう一度料理をやろうというエネルギーをもらった」と言ってもらい、胸が熱くなった。

　ほかにも、しばらくご無沙汰だったお客さんから「田代さん、福島出身だったよね。大丈夫だった？」と電話があったり、少しでも支援になればと店に来て、川俣シャモや桃など福島産の素材の料理を食べてくれたり。震災は本当につらい出来事だったが、料理の持っている力をあらためて感じさせられた。これからもふるさとを感じながら、自分らしい仕事をしていきたい。

小学1年まで過ごした川俣町小島地区田代の自宅があった場所で。「裏に川が流れていて、夏は格好の遊び場でね」「川べりの斜面にある山ユリを、足を踏ん張って掘って。生でバリバリ食べていた」。

川俣は養蚕・絹織物で栄えた町。蚕神が家の近くでも祀られていた。

田代は町の中心地からひとつ山を越える。その途中、その名も"田代峠"近くの展望台から川俣町を見る。峠近くにある長寿泉の湧き水は放射線検査不検出が続く。「もっと大きな葉がいいんだけど、ふきの香りがしておいしいよ」とシェフ。

そば殻を敷いた鶏舎にいたのは、生後90日前後のシャモ。「成熟してくるとツヤが出てくるんです」と斎藤さん。赤いトサカを持つのがオス。現在、生産農家は川俣町内に15軒。週に120羽程度を出荷している。

[ルポ]
川俣シャモをたずねて

　田代シェフの故郷、福島県川俣町とシャモの縁はかつて絹織物の産地として名を馳せていたころにさかのぼる。絹で財をなした旦那衆の遊びとして、闘鶏が行われていたという。
「90歳ぐらいの方から"親が座敷でシャモを飼っていた"と聞いたことがあります」と川俣町農業振興公社の斎藤正博さん。"シャモ1羽には愛人2人分のカネと手間がかかる""強いシャモは1羽100万円"などと言われ、つまりシャモは財産でもあった。もう川俣には闘鶏場はないが、今も好きでやっている人がいるという。
　1983年（昭和58年）、当時の町長が「遠くから来たお客さんに気のきいたごちそうを出したい」と白羽の矢を立てたのがこのシャモ。絹産業は衰退していたが、シャモを飼っている人はたくさんいた。当初は町の事業として始まり、87年には公社を設立して飼育を本格化。2010年には17軒の農家が5万5000羽を出荷するまでになった。
　当初は純系のシャモとロードアイランドレッド（いずれも地鶏）を交配ていたが、細身で「シャモらしさはあるが、柔らかさや脂が足りない」という声もあり、10年ほど経ったころに現在の交配（純系シャモとレッドコーニッシュを交配したオスに、ロードアイランドレッドのメスをかけあわせたもの。在来種由来血液75%）に変更。「今のほうが旨いと言われますよ」と斎藤さん。川俣シャモの誕生後、まもなく使い始めた田代シェフは「前のシャモはもっと身が締まっていて、じわーっと出てくる味があって個人的にはそっちも好きだったんだけど、今のもいい。とくにモモがいいね」と話す。田代シェフは月に8〜10

右から生産農家の佐藤光弘さん、田代シェフ、川俣町農業振興公社の斎藤正博さん。佐藤さんは、福島市内で焼き鳥店を営む息子さんの影響でシャモの飼育に携わるようになったとか。

メス（右）はオス（左）に比べて成長が遅く、体も小さい。卵を産む前のメスの肉はキメがこまかく、メスを好んで使う料理人も多い。

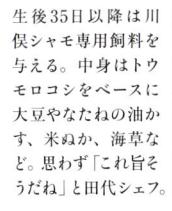

生後35日以降は川俣シャモ専用飼料を与える。中身はトウモロコシをベースに大豆やなたねの油かす、米ぬか、海草など。思わず「これ旨そうだね」と田代シェフ。

「ここで放し飼いをしていたんだけど」と田代シェフに話す佐藤さん。あまり草を食べると青くささ、水っぽさが出るため、シャモを屋外に出すのは70日ごろからだったとか。

2軒ある種鶏場では卵の孵化と、ヒナの飼育を行なう。写真は鶏舎に入って1週間目（左）と2週間目（右）のヒナ。28日になると肥育農家に移動する。

羽ほど使用し、手に入る時は卵も仕入れている。

北は北海道から西は京都や岡山まで出荷、高級スーパーや百貨店をはじめ、焼き鳥店やフランス料理、イタリア料理店との取り引きが多い川俣シャモ。そのおいしさは"平飼い開放鶏舎"での放し飼い、110〜114日齢という長い飼育期間、専用飼料の使用など独自の飼育方法にある。ところが2011年の東日本大震災とその後の東京電力の原発事故により、川俣シャモも大きな影響を受けた。専用の飼料を生産していた工場が被災し、約3カ月使えなかった。「急きょ九州から取り寄せたり、ブロイラーやほかの飼料で代用したりと対応に追われて。おかげでいつもの専用飼料のバランスのよさを再確認しました」と斎藤さん。また、シャモは土をついばむ性質があるため、放射線の影響を考慮し、放し飼いをストップせざるを得なかった。対策の甲斐あって、放射線モニタリングテストでは一度も検出されていないが、シャモは気性が荒く、ストレスをためやすい。外に出せないぶん、飼育数を減らすなどの対応に追われた。

取材当時は放し飼いにしていた土地の土をはがすのかなど対策が決まっていなかったが、今年に入って町が肥育農家1軒につき、200㎡の鶏舎の新築を決定。屋外に出せないぶんの運動スペースを設けることで、増産体制も整った。また、2011年に7〜8割まで落ち込んだ売り上げも回復し、震災前の水準に近づいている。「今後は増産に合わせ、販売量を伸ばしていきたい」と斎藤さんは話す。

株式会社川俣町農業振興公社
福島県伊達郡川俣町小綱木字泡吹地8
電話／024-566-5860

ジル・トゥルナードルという男

　ジル・トゥルナードルとの出会いは17〜18年ぐらい前かな。何かのフェアで来日していたジルを知人に紹介され、後日ジルがラ・ブランシュに食事に来てくれた。
「タシロ、なぜこの料理ができたの？」
　ジルに聞かれた。彼のイメージにはない皿だったのだと思う。それ以来、ジルが日本に来るたびに店に来てくれたり、僕がジルの店に食べに行ったり。そのうちお互いの厨房に入ったりして、付き合いが続いている。
　ジルはノルマンディのルーアンで、ミシュラン2ツ星の「ジル」を20年以上続けている。そんな実力の持ち主であるジルが、なぜ自分のような料理人に関心を持ったのか。実際のところはわからないけど、お互いに共感できる部分があるんだと思う。とくに自分が感じているのは、食材への思いとか、一皿を仕上げるために自分が持っているものをすべてぶつけるとか、そういう感性の部分。ジルは僕より5歳下だけど、この歳になってこんなに真面目にやっているフランス人も珍しいんじゃないか。
　味の感覚もどこか似ている。たとえば、僕はエビのだしをとるのに殻を炒める必要はない、そのほうがピュアな味が引き出せると思っているんだけど、聞けばジルもそうしているという。素材を突き詰めていくと案外同じところにたどり着く

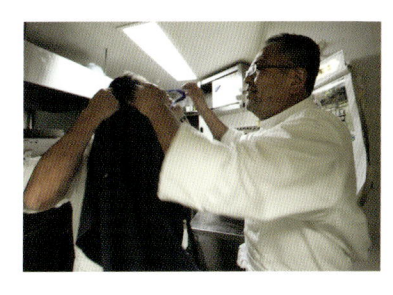

2011年のセッションの日。あらかじめ素材は決めておくが、細かい打合せや準備はナシのぶっつけ本番。「思いっきりやろうぜ」「昨日は気持ちが高ぶって遅くまで寝られなかった」と田代シェフ。

のかもしれない。

　彼の心に僕の料理がひっかかったのも、食材への愛情とか情熱を感じたからだと思う。僕の黒米やワイルドライスの使い方に興味を持ったり、「野菜のコンフィはなんでこうするのか？」なんて聞いてくるのも、その延長だろう。料理人同士だから、料理を見ればどんな人間かわかる。料理を通じて絆が生まれ、信頼関係を築いてきた。ジルはとても義理堅い。2011年の震災の時にも「大丈夫か？」とすぐに電話をくれて。本当にいい奴なんだ。

　ジルと知り合ったことで、僕自身安心した部分もある。フランス人もおいしいと感じるものが作れているんだ。ラ・ブランシュの料理を彼が喜んでくれることで、そう認識することができた。

　ラ・ブランシュで初めて一緒にセッションしたのは、2004年。日本に来るというジルから「オフにラ・ブランシュで一緒に料理を作りたい」と電話がきて。直前だったけど「じゃあお客さんも呼ぼう！」。僕のフランス語じゃ電話で話しても肝心なところは伝わらない。「材料だけ決めて、あとはぶっつけ本番。思いっきりやろうぜ！」。すごく緊張しつつも、熱く、刺激的だった。そのセッションのあとにジルが客席を見渡してこう言ってくれたんだ。「タシロ、ここはボン・レストラン（いい店）だね」。

La table de GILLES et La Blanche
ジルとラ・ブランシュの食卓

ある年の2人のセッション。
ジルが到着した時点からよーいドン！で調理開始。
素材を前にどう料理するかを決め、どんどん指示をして
どんどん作り上げていく様子は即興演奏そのもの。
それが刺激的で楽しい。

《1皿目》
一口フォワグラと秋ブドウ
フォワグラのソテーに八角と黒粒コショウのソース（p69）をひとぬり。ブドウのコンフィを添えて。［田代］

《2皿目》
レンズ豆のサラダとチョリソ、アワビ添えキクイモカプチーノ
レンズ豆と同じ大きさに切り揃えたチョリソやトマトで作るサラダ、タマネギのエテュヴェ（p77）、柔らかく煮たアワビ（p56）のオードヴル。キクイモのカプチーノ（p32）をソース代わりに。［田代］

《3皿目》
キスのフリット、洋ナシ、冬トリュフ
キスにベニエ生地をつけてフリットに。季節の洋ナシとトリュフを添えて。「ジルがキスを大阪で食べたみたいだったので、見せてあげたかった」。［田代］

《4皿目／5皿目》
オマールのロティ
カナダ産のオマールをロティし、その殻で作るジュ・ド・オマールをベースにしたソースを添えて。ローズマリーの香り。

オマールのブーダン・ブラン、ジルスタイル
ブーダン・ブランにオマールのミソや爪の肉を入れたファルスを作り、ラヴィオリで包んだもの。ジュ・ド・オマールベースのなめらかなソースをカプチーノ仕立てで。[いずれもジル担当]

《6皿目》
タチウオの真っ黒焼き、とうがらし秋野菜のコンディマン
タチウオはp92と同様にバーナーで皮目を真っ黒にあぶる。万願寺とうがらしの薬味と、クールジェットやモロヘイヤ、オクラなどをきざんだ緑の薬味を添えて。[田代]

《7皿目》
長野千代幻豚ロティ
千代幻豚のロースを塊のままロティに。シンプルに豚を焼いたジュとジロールのソテーと味わう。[ジル]

《8皿目》
ローズヒップヴィネガーのメレンゲとうこんソース
ローズヒップの香りを移したヴィネガーを煮詰めてメレンゲにプラスし、ウコン風味のソース・アングレーズに浮かべて。テュイルの触感をアクセントに。[田代]

同世代のシェフたち

　ラ・ブランシュを始めてもう27年になるが、長年店を維持し、オーブン前に立ち続けるには「自分の料理をお客さんに食べてもらいたい」「料理を作り続けたい」という気持ち、それが大事だとつくづく感じる。それに加えて僕の場合は仲間。「自分が失速したら申し訳ない」

　そう思わせてくれる同世代の料理人の存在には、本当に励まされる。たとえば「タテルヨシノ」の吉野 建さんに「北島亭」の北島素幸さん、「コートドール」の斉須政雄さん、「ル・マンジュ・トゥー」の谷 昇さん……みんな60歳を超えてなお、熱く闘っている人ばかりだ。

　もう30年以上の付き合いになる吉野 建さんは、フランスで僕が最初に知り合った日本人。当時の写真を見ると怖いぐらい目がギラギラしている。大海原に放たれてエサを探すような目でフランス料理を語る彼の情熱に、こっちも「よし、やらねば」とスイッチが入ったものだ。

　彼に限らず、あのころフランスには志しが高い日本人がたくさんいて、すごく刺激を受けた。帰国して店を持ってからのほうがお互い話すようになり、何度も「自分もやらなければ」と奮い立たせてもらった。

　みんな個性が違うどころか、強すぎるぐらい個性的でしょう（笑）。それにオーナーシェフとしてバリバリやっているから、友達ではあるけど、わざわざ約束してまで会うなんてことはめったにない。どこかで偶然会った時に「どう、元気？」と声をかけてエネルギーをもらう感じ。

　料理人同士だから、食べればわかる。頑張っているかどうかもすぐにわかってしまう。彼らと仲間でいられたのは、なりふり構わず仕事する僕の姿を見てくれていたからじゃないかな。みんなに負けたくないと思ったら、そうやってがむしゃらに旨いものを作り続けるしかない。

　料理に関していえば、北島さんや斉須さんには「田代さんは人と同じことをやらず、独自の料理を作っていたから続けてこられたんだよ」と言ってもらい、その言葉に何度も救われた。とくに斉須さんは同級生だし、同じ福島出身ということもあって、育った環境や食べてきたものが似ていると思う。子供の頃に食べたものとかいろいろ話すと「田代さんはよく覚えてるねー」といつも感心したように言われるんだけど（笑）。

　ジル（p150）もそうだが、彼らからすると、僕の料理には独特なものがあるらしい。一番はおそらくヴィネガーの使い方。僕自身がラヴィゴットソースの素晴らしさを見直して「こだわり野菜のサラダ仕立て」(p16)に使うようになったら、斉須さんも「あまりにクラシックすぎて軽んじていたけど、田代さん、これはいいね」と使い始めたり。もちろん逆の場合もあって、今でもドキドキしながら料理を作っていられるのは、こういう刺激があることも大きい。

　以前、レジス・マルコン（レストラン レジス・エ・ジャック・マルコン）がある講習会で、僕のガスパチョの話をしてくれた。「料理人にとって大切なこと」として、その前の年にうちで食べたガスパチョのトマトを挙げて「料理人は食材を探すこと。それをどう使うか見極めること、それが大事」と言っていた。僕もまったく同感で、年は彼の方が少し下だけど、自分と似た考えであることと、1年前の料理を覚えていてくれたことは本当に嬉しかった。

「ロアンヌのシェフだったころ、お客の少ない店内を盛り上げようと客席を半丸の牛を担いで回った、という話を北島さんから聞いて"命かけてるな。こうじゃないといけないんだ"と思い知らされた」と田代シェフは話す。今、北島シェフに会うのはもっぱら築地。「いつも2〜3分立ち話をする程度だけど、顔を見ると元気になる」。この日は偶然、築地帰りの北島さんがラ・ブランシュに立ち寄った。

「フランスでの斉須さんの活躍を知っていたから、帰国したら一番に食べに行こうと決めていた」と田代シェフ。一方、斉須シェフは田代シェフを「ずっと怖い人だと思って、40歳ぐらいまで話せなかったんだよ」。毎週土曜日、青山のファーマーズマーケットで顔を合わせる2人。「フランスにいた頃、シェフの買い出しについて行くと、若いころからの知り合いに会って談笑したりする様子に憧れていたの。今、田代さんとそれができて嬉しいよ」(斉須シェフ)。

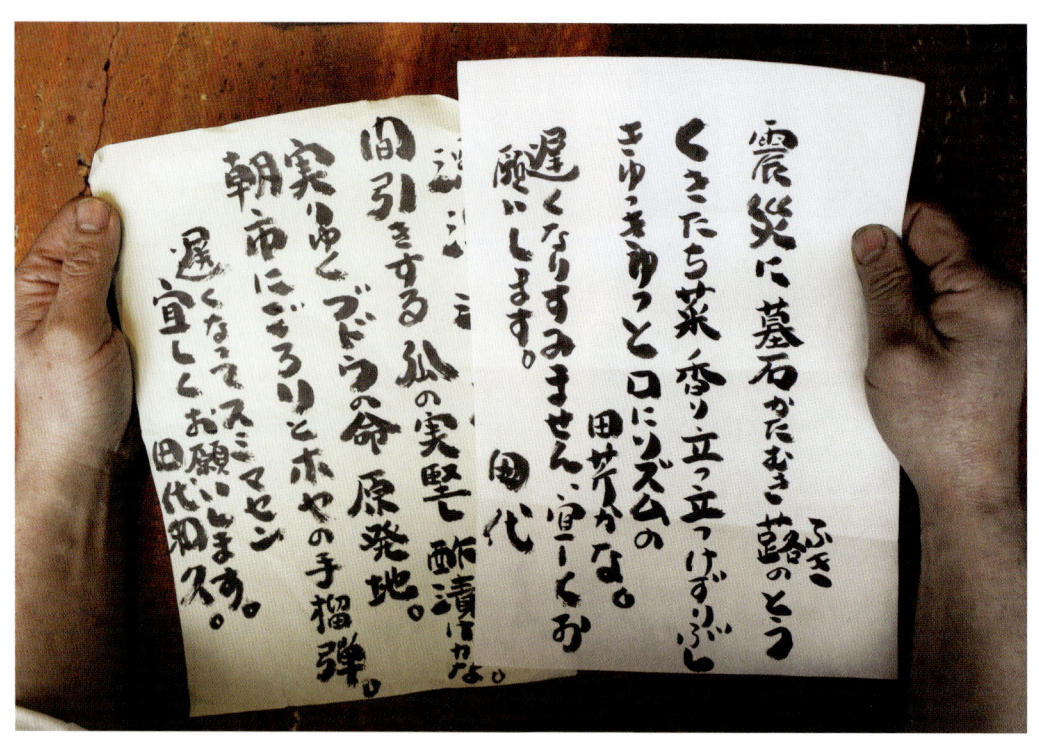

4カ月に一度のペースで句会にも参加していて、あらかじめ詠んだ3句をFAXで送る。カバンには常に歳時記を携帯。俳号は「武蘭朱(ぶらんしゅ)」。

素材を描く、素材を詠む

　絵手紙を始めたきっかけは、NHKの番組。先生が「下手がいい」と話すのを聞いて「それ、オレだ！」と興味が沸いた。学生時代、絵をほめられたことなんて一度もなかったが、「はみ出してもいい」「気になるところから描けばいい」と聞き、ためしにトマトを描いてみたら、それまでと全然違う絵が描けた。嬉しかった。

　対象物（僕の場合はおもに食材）をじーっと観察していると、たとえばトマトなら、そのうちただ赤いだけじゃないことがわかってくる。黄色い筋も見える。ヘタは反っていて産毛もある。あっという間に20分ぐらい経つ。そのうち味を感じてきて、実際に食べる。そうなれば、あとは描くだけ。どこから描き始めるかも自由だから、魚なら目から描くことも口から描くこともある。

　自己流だけれど楽んで描けるのは、料理のおかげだと思う。素材に素直に向き合い、感じるままに描くことはそのまま料理に通じる。2年前に始めた俳句も同じ。じっと対象を見る。見ているうちに浮かんでくるものに、自分を投影させる。うまく作ろうという下心があるとダメなのも、料理と一緒。自然体じゃないと心は揺さぶられない。

めばる焼く　命はじける　握り塩
ゆうくりや　切り口甘し　寒キャベツ
寒キャベツ　口いっぱいに　ほおばりぬ

　僕の句は、感じたことをそのまま詠ったようなものばかり。ほとんどが食材や料理に関することだ。句会のメンバーには「それがいい」と言われることも、ごくたまに、ある(笑)。

これまで描いてきた絵手紙の一例。左上からオマール、タマネギ、ホウレン草、サバ、ザクロ、桃。まず素材をじっくり、20分ほど観察してから食べる。そして黒いペンで輪郭を描いてから色を落としていく。「か」の篆刻も自分で彫ったもの。

スタッフのこと

　レストランは一人ではできない。

　店を始めたころは、築地から戻ったら「辞めます」と置き手紙があるなんてしょっちゅうだったけど、いつのころからか働きたいとやって来る人の心がけが変わってきた。僕自身が変わったんだと思う。

　以前はスタッフが揃わないと料理が作れない、急に辞められたら困ると思っていたけど、今は店が忙しくてもヒマでも、自然な出会いに任せている。「人手が足りなければテーブルを減らせばいい」と思っていると、なかなか人は辞めない。だからここ数年は採用もほとんどしていない。

　うちで働きたいという人は、みんなラ・ブランシュで食事をしたうえで、僕の料理が好きで、何かをつかみたくて来ている。技術的なことは僕より上手なシェフがたくさんいるから、そこで勉強すればいい。僕が教えられるとすれば、食材への向き合い方や昼夜のサービスごとに全力を出しきること、お客さんに対する姿勢とか、心持ちの部分。怒られるポイントがほかのシェフと違うと、初めは驚くかもしれない。僕が徹底して言うのは、気持ちが入っていない時。プチフールの盛りつけやコーヒーの出し方ひとつでも、そこに思いがこもっていないと感じた時は口うるさく言う。「自分がお客だったらどうしてほしいか、考えろ」。

　ただ、基本的にスタッフには「伝える」ものではなく「感じる」ものだと思っている。日々の僕やほかのスタッフの仕事を通して感じてもらうこと。シェフの本気度が重要で、僕も気持ちをむき出しにして仕事をする。うちはア・ラ・ミニュートだから営業中の調理場は煽られてバタバタだし、バッチリ決まってご機嫌な時もあれば、うまくいかず悔し泣きの時もある。そういう姿もさらけ出す。そしてどうリカバーするかも見てもらう。失敗は恥ずかしいことじゃない。それでもやり続けることが大事で、一度や二度の失敗で諦めることのほうがよほど恥ずかしい。そうやって僕たちが料理をブラッシュアップし、お客さんとの信頼関係を築いてきたことが伝わればいい。

　スタッフとは、うちを卒業し、オーナーシェフとして同じ悩みを抱えてからのほうが話ができる。みんなが活躍するのを見ると「僕も少しは貢献できたかな」と思うと同時に、うちにいたことが誇りであり続けるためにも、親父である自分も頑張らなければと気が引き締まる思いだ。

　さて。スタッフといえば、岡部盛満くんなくしてラ・ブランシュは語れない。店のオープンが1986年2月9日で、岡部くんが来たのが5月1日。それ以来ずっと店を支えてくれている。

　彼は明治大学を出て、「将来店をやりたい。そのためには料理もワインも知らなければ」とやって来た。調理場希望だったが、最初にうちの家内と一緒にサービスを担当、そのままフロアに立ち続けている。家族を含めても、僕の料理を一番好きだと思っているのは彼じゃないか。好きな料理を好きなお客さんに運ぶ、そんな彼を常連さんは信頼しているんだと思う。僕が変な料理を出すと、いやーな顔をして運ぶ時があるよ（笑）。

　僕が料理に専念できるのは、彼がこの店を、それこそサービスはもちろん、売上げから調理場の流れまで仕切ってくれているおかげ。とても信頼しているし、感謝している。

田代シェフのほか調理場スタッフは3人。スーシェフの長尾さん以外は、営業中はサービスも担当する。直前まで料理の内容はシェフの頭の中。スタッフには瞬発力と全力を注ぐ姿勢が求められる。

「それまで見てきたレストランの中で、一番冴えなかった。でも、一生懸命さはダントツに伝わってきました」と岡部さん。「とても勉強熱心で、まかないを作らせると彼が一番旨い」とシェフ。

フランス料理の日

　定休日の前日は「フランス料理の日」。スタッフが各自フランス料理を1品作り、アミューズ、前菜、メイン、デザートとコース仕立てで食べるまかないだ。この日は岡部くんのセレクトによる食前酒、ワイン、チーズもつく。オープン以来続けているラ・ブランシュの習慣だ。

　フランス料理の日を始めた一番の理由は、僕自身が下っ端のころに料理を作る機会がほしかったから。ただのまかないではなく、フランス料理を作る機会。普段はシェフの指示に沿って仕事をするけど、一方で自分が作りたい料理もあったし、それに対してアドバイスがもらえたらいいなと思っていた。それに、まかないを立って食べるのは好きじゃない。フランスではもう少しゆっくり食事をしていたと思う。

　作るものはフランス料理であれば、何でもいい。食材も店にあるものを使っていいし、パテや煮込み料理のように前日から仕込むものでもOK。あえてトラディショナルに挑戦してもいいし、オリジナルのものを作ってもいい。スタッフが多い時にはパンやアヴァンデセールまで作るし、逆に少ない時は僕が1品作ったりする。

　大事なのは、ただ作って食べるだけじゃなくて、そこに本人の思いやチャレンジがあるかどうか。そして、その場でみんなで講評し合うこと。各自、それを踏まえてルセットを書き、定休日明けに僕に提出することになっている。書く練習にもなるし、自分の料理を振り返り、「ここがよかった」「もっとこうしたほうがいい」と考えるようになる。こういう訓練をバネにして、みんな上達していく。

　また、これは始めてみて感じたことだが、僕にとってもスタッフの味覚や感性を確認するいい機会。「こいつ、なかなかやるな」と意外なセンスや実力を発見することもあるし、「ここを伸ばしていくといいんじゃないか」と具体的なアドバイスもできる。時には、非常にいい料理が出てくることもある。その時は「君がシェフになるまで、大事にとっておきなさい」と言う。本人が作ったほうが絶対にいいから。そういう意味では、僕自身が触発されることもあるし、いい刺激になっている。もちろん「これ、もう少し調整すれば店で出せるんじゃないか」と店のメニューに採用することもある。

　第一、こういう機会でもないとみんなであらたまって話したりしない。全員で同じものを食べるということは、味覚や考え方を共有することでもあり、チームとしてもいいこと。僕も楽しいし、みんなも楽しいと思う。なかなかいい教育だと思うんだけど、ラ・ブランシュの卒業生でもこの「フランス料理の日」をやっている人はいない。ルセット書かせたり、それを添削したり、たしかに大変かもしれないけど、絶対いいと思うんだけど……。

料理を通してお客さんと会話する

　料理人仲間に「田代さんのお店は、いいお客さんがたくさんいるね」と言ってもらえることがある。たしかに、うちはもともとプライベートでいらっしゃる方が多くて、オープン当時に50歳、60歳だった方が、今も足を運んでくださっている。みなさん、なぜこの店に長年通ってくださるのか。正直自分ではあまりわからないのだけど、ひたむきにまじめに続けていたから、ついて来てくださったのかな。

　僕が思うに、"いいお客さん"というのは、ラ・ブランシュを大事に思ってくれている人たち。ラ・ブランシュが好きで、料理だけではなく、ここで過ごす時間を自分から楽しもうとしてくださる。どのレストランもそうだと思うが、そういうお客さんたちが作り出す"その店の雰囲気"というものがあって、フロア全体にそういう空気が満ちている時は、自分で言うのもなんだけど「あぁいい店だなぁ」。まるで魔法のじゅうたんに乗っているような、幸せな気分になってしまう。

　今でこそ、お客さんの表情や顔色を自分なりに把握し、その人を思いながら料理をしているつもりだが、最初はお客さんにどう接していいかわからなかった。「いかがでしょうか？」なんて挨拶に出ていたけど、それは上から目線だよね。知り合いの料理人に「お客さんに教わるつもりでいると、相手の方から話しかけてくれるよ」と言われ、心から「ありがとうございました」と調理場から出て行ったら、本当にみなさん話しかけてくれた。

　レストランは皿を通してお客さんと会話をするところ。その会話を重ねるなかで、信頼関係ができてくる。お客さんとは1回1回が勝負。当然だけど、毎回全力投球するしかない。

「今日は何を食べてもらおう」

　そこから勝負は始まっている。喜んでもらいたくてギリギリまで考えるんだけど、なかなか決まらない時もある。このまま逃げたい。何度そう思ったことか。何かアイデアはないかと近所の八百屋に行って、気づいたら生のラッキョウの前に30分も立っていたこともあった。自分の世界に入っているから周りは目に入らない。実際にその時はカラメリゼしたラッキョウをフォワグラの付合せにしたけどおいしかったよ。逆に100％出し切ってもダメな時もある。そういう時は素直に自分の足りなさを認め、またそこで勉強させてもらうしかない。そうしてお客さんに成長させてもらう。

　こうしてお客さんに対して正直に向き合っていると、たとえば、狂牛病の時でもお客さんは牛肉を食べてくれたし、震災後にも田代と福島をなんとかしたいと川俣シャモを食べに来てくれた。「ラ・ブランシュなら大丈夫だから」。料理を通じて自分という人間をわかってもらえるなんて、料理人としてこれほど嬉しいことはない。

　うちには90歳、100歳のお客さんもいる。「死ぬ前に田代さんのところに行きたい」と来てくださる方も。ここまでくればただ喜んでもらいたいだけ。そういう方たちと、料理を通してコミュニケーションがとれることが僕の何よりの勲章だ。

　ラ・ブランシュは僕の店だけど、もう僕の店じゃない。スタッフもいるし、お客さんの人生の1ページをこの店が担っていることもある。亡くなられた常連さんの息遣いも、どこかに残っている。それが店の重みというものなんだ。

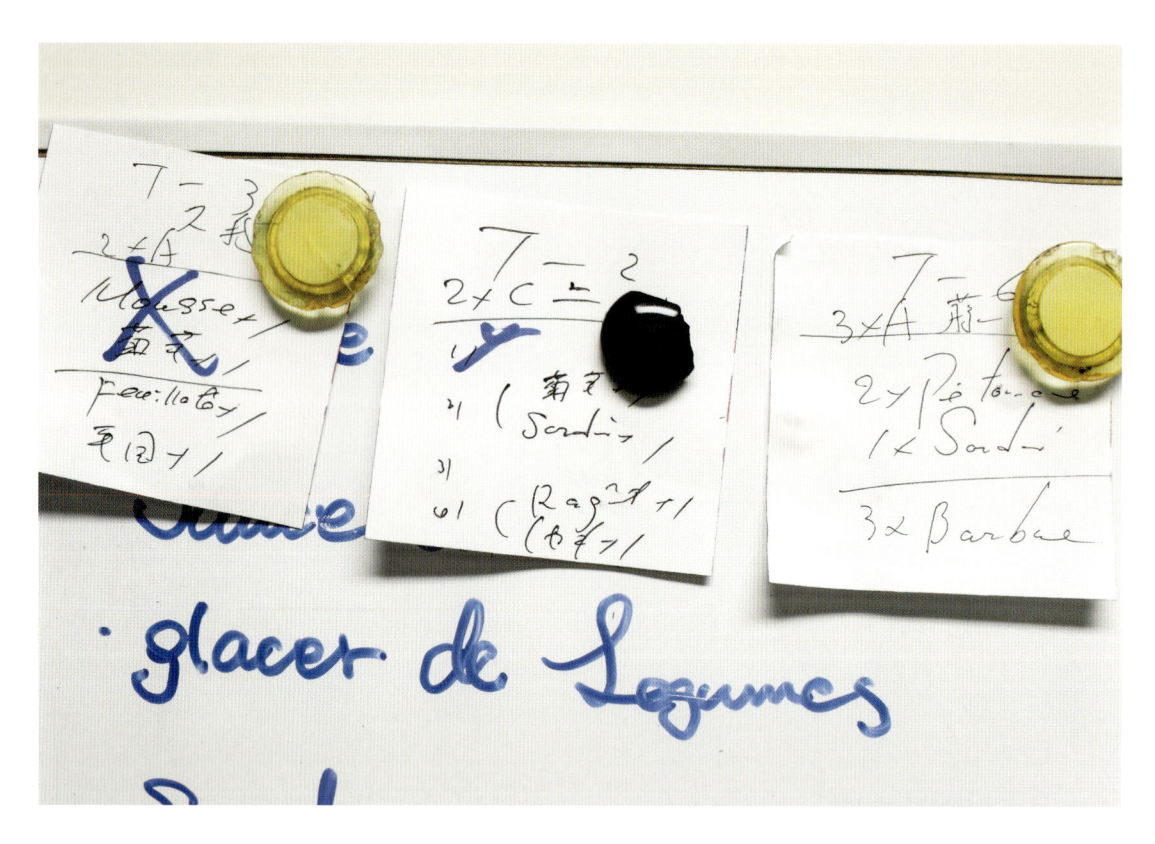

「料理はいつも完璧にできないところがいい。いや、完璧じゃなければいけないのだけど、でもいつもあとから"もっと何かできたかな"と思わされる。そんなふうに夢中になって仕事を続けている人はどれだけいるのだろう。そう考えると幸せ」

料理の道に進んだおかげで

　ラ・ブランシュをオープンして27年。正直、自分でもこんなに長く続けるとは思っていなかった。若い料理人から「長く続ける秘訣は？」「そのエネルギーはどこから？」と聞かれることも多いが、僕は不器用で一発でできる人間じゃない。なかなかうまくいかないからこそ、ようやくできるようになった時はすごく嬉しくて、だから飽きないでやってこれた。一発KOできる料理人もいるけど、自分はボディブローとジャブを繰り返してやっと倒すタイプ。1日1日を必死に過ごしていたら27年経っていた、それが本当のところだ。

　オーナーシェフの仕事はままならないことも多く、人並みではできない。僕の実感としては、若い頃に我慢する訓練をしておく必要があると思う。たしかに見習いの時は理不尽なことも多いし、それを耐え忍べ、と言いたいわけではない。でも、我慢するクセがついているとそんじょのことではへこたれない。お客さんが入らないとか苦しい時にふと「辞めちゃおうか」と頭をよぎったとしても、踏みとどまれる。そういう時でも気持ちを維持し、いい機会だと料理やサービスを見直したり、ブラッシュアップしていく。若い頃に鍛えていれば、そう考えられるんじゃないか。

　とはいえ僕自身は弱い人間。だから、鍛えないといけないと毎月少しずつ貯金をしたり、この店を始めた時も毎日築地に行く、夜の営業が終わったら鍋をピカピカに磨く、と自分に課してきた。

　若い人に言いたいのは、料理が好きだったらこんなに熱く、エキサイティングな世界はないということ。正直言ってハードだし、朝早くて夜も遅い。だけど料理には本当にキリがなくて、今も魅力的な素材を手にしたり、強烈なメッセージを感じる料理を見るとドキドキしてテンションが上がる。うまくできず自分に腹が立つこともあるけど、逆にバシッと決まってお客さんにも喜んでもらえた時は天にも昇る気持ちになっちゃう。この年齢でも新しい発見があるし、毎日があっという間。

　今も年に1～2回は辞めたくなったり逃げ出したくなるけど、いざ調理場に立って手を動かし始めると、夢中になってそんなの忘れてしまう。料理が本当に好きで、自分で店をやりたいならぜひチャレンジしてほしい。迷っているぐらいなら、腹をくくって飛び込んじゃう。そうしたらもうやるしかない。慎重さも大事だけど、飛び込むことで見えてくることもある。

　僕自身の今後は……正直言えば考えていない。ラ・ブランシュの27年も1日1日の積み重ね。ちりも積もればで、お客さんや生産者、スタッフと信頼を築いてきた。正直、昔ほど頑張りがきかないと感じることもあるけど、僕はまだ素材も料理も飽きないから、それを続けるだけだ。

　劣等感の塊だった自分が、料理をやったおかげで人に喜んでもらえるようになった。まだ上手になっているという自負があるし、今も魅力的な素材やお客さんの嬉しいひとことが、自分をもう一回奮い立たせてくれる。もちろん、夢を挙げれば、年配のお客さんが2階まで階段を上がってくるのは大変だからそこへの配慮もできたらと思うし、フランスで料理をやってみたいという気持ちもある。でも、日々素材に向き合い、自分の作りたい料理を作り続けることは変わらないし、フランスで料理をやってみたいという気持ちもある。でも、日々素材に向き合い、自分の作りたい料理を作り続けることに変わらない。

　今までラ・ブランシュに力を尽くしてくれたスタッフには感謝してもしきれない。

　そして、オープン当時はマダムとして店に立っていた妻・美知子と、僕の料理を好きだと言って応援してくれる子供たちに。君たちは僕が迷った時に真っ直ぐしてくれる存在です。ありがとう。

ラ・ブランシュのジュとフュメ

ジュ・ド・ヴォライユ
jus de voraille

肉や魚料理のソース、スープのベースなどに。
旨みも味も濃くしすぎず、
用途に応じて煮詰めるなど調整してから用いる。

材料
鶏ガラ……10kg
タマネギ……840g
セロリ……200g
ニンジン……400g
ブーケ・ガルニ……1束
粗塩……55g
水……20ℓ

1　鶏ガラを血抜きする。寸胴鍋に水と鶏ガラを入れて火にかける。沸いたら一度アクを引き、粗塩を加えて再度出てくるアクを引く。
2　タマネギ、セロリ、ニンジンを丸のまま、または半分に切って加え、ブーケ・ガルニも入れる。沸騰するかしないかの状態を保ちながら6～7時間煮出す。
3　いったん漉す。ジュは再度沸かし、アクを引いて仕上げる。

フュメ・ド・ポワソン
fumet de poisson

野菜の香りの中に魚の旨みを感じるぐらいの、
クリアーなフュメが理想。アラは店でよく使うアマダイが中心で、
濃いフュメがほしい時にはヒラメなどを加える。

材料
魚のアラ（おもにアマダイ）……3kg
タマネギ……700g
セロリ……200g
エシャロット……2個
水……3ℓ
白ワイン……900cc
塩……適量

1　タマネギ、セロリ、エシャロットを厚さ1mmにスライスする。煮崩れて雑味が出ないよう、タマネギは繊維に沿って切る。
2　鍋に水、白ワイン、魚のアラを入れて火にかける。沸いたらアクを引き、塩を加えて再度出てくるアクを引く。
3　1のミルポワを加え、沸騰するかしないかの状態を保ちながら40分ほど煮出し、静かに漉す（野菜は絞らない）。

用語解説

ア・ラ・ミニュート à la minute
　──即席の

アヴァン デセール avant dessert
　──2皿構成のデザートで、初めに提供する軽いデザート

アセゾネ assaisonner
　──調味する。塩、コショウする

アパレイユ appareil
　──混ぜ合わせた生地、たね

アミューズ amuse
　──突き出し

アロゼ arroser
　──素材が乾燥しないように脂や焼き汁をかける

アンフュゼ infuser
　──煮出す、煎じる

ヴァプール vapeur
　──蒸気、蒸すこと

エテュベ étuvée
　──蒸し煮

オードヴル hors-d'œuvre
　──前菜

カイエンヌペッパー poivre de cayenne
　──赤い唐辛子を乾燥させ、粉末状にしたもの

カソナード cassonade
　──さとうきびが原料の褐色の粗糖

ガストリック gastrique
　──砂糖とハチミツにヴィネガーなどを加え、カラメル状に煮つめたもの

カラメリゼ caraméliser
　──カラメルにする。砂糖をふって色づける

キャトルエピス quatre-épices
　──4種類のミックススパイス（おもにコショウ、ナツメグ、クローヴ、ショウガ）

クーリ coulis
　──漉した汁、ピュレ

クールジェット courgette
　──ズッキーニ

クネル quenelle
　──すり身を脂や卵でまとめ、形どってゆでたもの。またはその形

グラス glace
　──本書では肉のだし汁を濃度が出るまで煮詰めたものの意

グラティネ gratiner
　──チーズやパン粉をふって焼く。グラタンにする

グラニテ granité
　──粒の粗い、ざらっとしたシャーベット

グリエ griller
　──網焼きにする

クレーム・パティシエール crème pâtissière
　──カスタードクリーム

グレスドワ graisse d'oie
　──ガチョウの脂

クレピーヌ crépine
　──網脂

ココット cocotte
　──煮込み用の両手鍋、小型の耐熱性の容器

コライユ corail
　──エビやカニのミソ

コルニション cornichon
　──ピクルス

コンディマン condiment
　──調味料（香りや味の強いもの）

コンフィ confit
　──脂で煮たもの

コンポート compote
　──シロップ煮

サラマンドル salamandre
　──焼き色をつけるための上火のオーブン

サルピコン salpicon
　──小さなさいの目に切った素材。それを混ぜたもの

シヴェ civet
　──（赤ワインで煮て血でつないだ）ジビエの煮込み

シノワ chinois
　──先のとがった漉し器

ジビエ gibier
　──野生の鳥類、獣類

ジュ jus
　──焼き汁、だし汁、煮汁、果汁

ジュリエンヌ julienne
　──せん切り

ジュレ gelée
　──ゼリー

スフレ soufflé
　──肉や魚、フルーツなどのペーストに泡立てた卵白を加えて型に流して焼いた料理

スペシャリテ spécialité
　──自慢の料理、看板料理

スュエ suer
　──素材の水分を出すように炒める

スュック suc
　──鍋に焼きついた肉や野菜の旨み

セニャン saignant
　──レアの

ソース・アングレーズ sauce anglaise
　──卵黄、牛乳、砂糖で作るヴァニラ風味のソース

ソース・ヴィネグレット sauce vinaigrette
　──フレンチドレッシング

ソース・サルミ sauce salmis
　──野鳥のガラをベースに作る濃厚なソース

ソース・ムースリーヌ sauce mousseline
　──ソース・オランデーズに卵白や生クリームを加えたもの

ソース・ラヴィゴット sauce ravigote
　──きざんだ香草が入った緑色のソース

タプナード tapenade
　──ケイパー、アンチョビー、黒オリーブをすりつぶし、オリーブ油、レモン汁などで調味したペースト

ティエド tiède
　──なま温かい、ぬるい

デグラッセ déglacer
　──鍋についた旨み、エキスを液体で溶かす

テュイル tuile
　──かわらのこと。薄いかわら型の菓子

トマトコンサントレ tomates concentrées
　──トマトペースト

トラディショナル traditionnel
　──伝統的な

パート・フイユテ pâte feuilleté
　──パイ生地

パルフェ parfait
　──卵黄、シロップに泡立てた生クリームや果物のピュレなどを混ぜて冷やし固めたアイスクリーム

ピュレ purée
　──裏漉ししたり、ミキサーにかけたペースト

ファルス farce
　──詰めもの

フィレ filet
　──ヒレ肉、魚のおろした身

フィスレ ficeler
　──ひもで縛る

ブーケ・ガルニ bouquet garni
　──香草の束

フォワ foie
　──レバー

フュメ・ド・ポワソン fumet de poisson
　──魚のだし汁

プラック plaque
　──天板。調理場では鉄板の意味でも使う

ブランシール blanchir
　──ゆでてアクを抜く

フリテュール friture
　──揚げもの

ブルー bleu
　──若めに火を通した

フルール・ド・セル fleur de sel
　──塩田の表面に結晶化した海塩

ブレゼ braiser
　──蒸し煮にする

プレ・サレ pré-salé
　──ブルターニュとノルマンディの塩分の高い干潟で飼育した羊

ペイザンヌ paysanne
　──拍子木切り、色紙切り

ベニエ beignet
　──揚げもの

ポシェ pocher
　──沸騰寸前の湯でゆでる

ポワレ poêler
　──フライパンで火を通す

マリネ mariner
　──浸ける、漬ける

マンドリーヌ mandoline
　──野菜を切るための道具

ミ・キュイ mi-cuit
　──半生の

ミジョテ mijoter
　──とろ火で煮る

ミルポワ mirepoix
　──香味野菜

ミロワール miroir
　──鏡。鏡のように光沢が出るまでワインを煮詰めたもの

ムーラン moulin
　──野菜用の裏漉し器

ムイエ mouiller
　──液体を加える。湿らす

ムニエル meunière
　──粉をまぶしてバターで焼いたもの

メレンゲ meringue
　──卵白と砂糖を泡立てたもの

モンテ monter
　──仕上げにバターを加えてとろみをつける

リソレ rissoler
　──強火で焼き色をつけること

ルセット recette
　──レシピ、調理法

ロティ rôti
　──あぶり焼き

田代和久
Kazuhisa Tashiro

1950年福島県伊達郡川俣町に生まれる。高校卒業後に上京、東京食糧学校(現・東京栄養食糧専門学校)に入学。卒業後、竹橋にあった「カーディナル」、銀座の「ブリアン」、吉祥寺の菓子店「オオサワ」などで働き、79年に渡仏。3年の滞在中に「ルーランデ」「ギィ・サヴォワ」などで働く。帰国後、銀座にあった「レザンドール」のシェフを経て、86年に「ラ・ブランシュ」を開店。

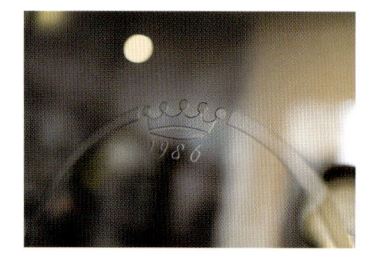

ラ・ブランシュ
東京都渋谷区渋谷2-3-1 青山ポニーハイム2階
電話◎ 03-3499-0824
営業時間◎昼 12:00〜14:00(L.O.) 夜 18:00〜21:00(L.O.)
定休日◎水曜日、第2・4火曜日
料理◎昼 3600円、6000円、7800円
　　　夜 7000円、シェフのおまかせ料理1万円、1万2000円

カキのこんがり焼とカランツ紫知別のビネーグレット添え
カキ3個入る了度いいフライパンに
オリーブオイルを敷き片面がこんがり
と焼き中はあくまでもジュシィに…
牛乳でアンフュージョンしたカキの
うま味。
俺の好きな岩手広田湾のカキ……

ラ・ブランシュ
田代和久のフランス料理
La cuisine française de Kazuhisa Tashiro
自分の味覚を信じて、作り続ける

初版印刷　2013年7月1日
初版発行　2013年7月15日

著者ⓒ　田代和久［たしろ・かずひさ］
発行者　土肥大介
発行所　株式会社柴田書店
　　　　東京都文京区湯島3-26-9　イヤサカビル　〒113-8477
　　　　営業部　　03-5816-8282（注文・問合せ）
　　　　書籍編集部　03-5816-8260
　　　　URL　http://www.shibatashoten.co.jp
印刷・製本　日本写真印刷株式会社

本書収録内容の無断掲載・複写（コピー）・引用・データ配信等の行為は固く禁じます。
落丁、乱丁本はお取替えいたします。

ISBN 978-4-388-06170-9
Printed in Japan